Karl-Markus Gauß

Die fröhlichen Untergeher von Roana

Unterwegs zu den
Assyrern, Zimbern und Karaimen

Mit Fotografien von
Kurt Kaindl

Paul Zsolnay Verlag

1 2 3 4 5   13 12 11 10 09

ISBN 978-3-552-05454-7
Alle Rechte vorbehalten
© Paul Zsolnay Verlag Wien 2009
Satz: Eva Kaltenbrunner-Dorfinger, Wien
Druck und Bindung: GGP Media GmbH, Pößneck
Printed in Germany

Inhalt

Unter Assyrern –
Eine orientalische Reise
durch Schweden

I

IM OKTOBER 2005 fuhr ich nach Schweden, um endlich die Assyrer kennen zu lernen. Ich traf sie in Göteborg und Örebro, Linköping und Norrköping, in Södertälje und Stockholm, und die meisten wunderten sich nicht, dass ich mich für sie interessierte und die ältesten Christen des Orients ausgerechnet im Norden Europas suchte. Wohin sonst sollte ich reisen, um Assyrern zu begegnen? In der Türkei leben nur mehr zwei-, dreitausend von ihnen; Hundertmal mehr sind dem »Seyfo« zum Opfer gefallen, dem Völkermord, den die türkischen Nationalisten 1915 an ihnen verübten und mit dem die Welt, die sich nur widerstrebend an den Genozid zu erinnern begann, der an den Armeniern verübt wurde, auch weiterhin nicht behelligt werden möchte. Im Irak, wo Saddam Hussein sie systematisch verfolgen ließ, haben sie zu Beginn des zweiten Irak-Krieges wohl eine Million Menschen gezählt. Seitdem der evangelikale Christ George W. Bush seine Truppen in das Land entsandte, sind sie auf der Flucht, ihre Kirchen brennen, ihre Politiker und Priester werden entführt und ermordet. Im Iran halten sie sich still und versuchen die Religionswächter durch fromme politische Apathie zu beschwichtigen. In Damaskus residiert zwar Seine Heiligkeit Mor Ignatius Zakka Iwas, der Patriarch der Syrisch-Orthodoxen Kirche von Antiochien – einer der fünf christlichen Kirchen, die sie im Laufe der Jahrhunderte gegründet haben –, doch im ganzen Land sind sie dem aberwitzigen Spitzelwesen ausgesetzt, mit dem die Geheimdienste das gesellschaftliche Leben Syriens zerstörten. Nach Georgien konnten sich während des Seyfo ein paar Hundert Familien retten, deren Nachkommen sich aber großteils der Staatsnation assimiliert haben; und in Russland, wo die ersten assyrischen Gemeinden von Flüchtlingen aus Persien schon um 1830 gegründet wurden, in Russland haben Assyrer in Demonstrationen auf den Untergang der assyrischen Christen im Irak aufmerksam zu machen versucht, doch dass sie in Moskau und Rostov am Don auf die Straße gingen, wurde weder in der russischen noch in der internationalen Presse vermeldet.

Drei Millionen Assyrer leben heute verstreut in Kanada und den USA, in der Schweiz, in Holland oder Frankreich. Höchst aktive Gemeinden bilden sie in Berlin, Paderborn, Gütersloh, Augsburg, doch sind sie, die das seit Jahrzehnten fordern, ausgerechnet in Deutschland nie als Assyrer anerkannt worden. Um überhaupt ins Land zu gelangen, müssen sie sich als Türken ausweisen, obwohl sie doch gerade vor dem türkischen Nationalismus aus ihrer Heimat geflohen sind; oder sie gelten als Kurden, dabei waren es in Anatolien vornehmlich Kurden, die sich in der Entrechtung, die ihnen selbst widerfuhr, als Muslime an den christlichen Assyrern schadlos hielten, die sie von ihren Feldern, aus ihren Häusern und Dörfern vertrieben und, gedeckt vom türkischen Militär, das sie sonst Grund hatten zu fürchten, in Pogromen massakrierten.

Wo sollte ich also die Assyrer suchen wenn nicht in Schweden, von wo die Bewegung ausging, die über die Kontinente versprengten Assyrer nicht mehr als die Christen der ersten Jahrhunderte, sondern als moderne Nation in der Diaspora zu einen? Davon wusste ich allerdings noch nicht viel, als ich in Göteborg landete und meine Adressen assyrischer Kulturvereine, Fernsehstationen, Fußballclubs, die Telefonnummern von Schweden, die Namen wie Gabriel Afram, Robil Haidari,

Fuat Deniz oder Metin Rahwi hatten, sichtete. Aber dass es nur in Schweden geschehen konnte, das erfuhr ich, als ich sie, die skandinavischen Christen des Orients, kennen lernte und begriff, dass ich für eine assyrische Reise genau das richtige Land ausgewählt hatte.

2

Es war in der zweiten Klasse des Gymnasiums, ich stand an der Tafel vor einer riesigen Landkarte und sah, wie sich das Gesicht des brüllenden Professors Woschnak rot färbte. Verzweifelt versuchte ich auf der Karte mit ihren braun, grün und blau verschwimmenden Flächen das Gebiet der Assyrer zu finden. Professor Woschnak nahm es persönlich, wenn ein Schüler sich unwissend zeigte, dabei brachte ich jetzt nicht vorsätzlich alles durcheinander, Sumerer, Akkader, Assyrer, und ehe ich an die Tafel gerufen wurde, hatte ich noch genau gewusst, wo ich Mesopotamien finden würde, wo Babylon und wo Ninive. All die Namen, wie sollte man sie auseinander halten, das Herrschaftsgebiet der einen, das Reich der anderen und erst ihre wechselnden Hauptstädte! Selbst zehn Jahre später, als ich Geschichte studierte, kam mir jene des Alten Orients immer höchst verwirrend vor, so viele Namen für dieselben Regionen, so viele verschiedene Stämme, die Staaten gründeten, indem sie andere zerstörten, Sumer im Süden Mesopotamiens, Akkad, das über Mesopotamien hinausreichte, das altassyrische, babylonische, mittel- und neuassyrische, das neubabylonische Reich …

Das terminologische Durcheinander hat sich viertausend Jahre gehalten. Als ich es mit den Assyrern von heute zu tun bekam, hörte ich, je nachdem mit wem ich sprach, für dieselbe Sache immer andere Bezeichnungen. Über Begriffe, Namen, Wörter stritten sie unentwegt, und ich war mir nie sicher, ob sie gerade nur einen günstigen Anlass nutzten, um ein wenig heftiger zu debattieren, oder ob sich hinter ihrer Auseinandersetzung um Begriffe politische oder religiöse Differenzen verbargen, die nicht bloß der narzisstische Ehrgeiz von Vereinsmeiern aufgerissen hatte. Aber wenn ich Genaueres wissen wollte, wurde mir von denen, die sich eben noch attackiert hatten, einträchtig beschieden, dass die Konfusion der Begriffe ein Erbe der langen Unterdrückung sei und ich mich davon nicht verwirren lassen dürfe, denn im Grunde meinten sie ohnedies alle dasselbe.

So ermutigt, wog ich es nicht pedantisch, ob sich mir jemand als Assyrer, Suryoye oder Süryani vorstellte und er selber seine Sprache für Assyrisch, Aramäisch oder Syriak hielt. Auch ob sie zutreffend als syrisch-orthodoxe Christen, Jakobiten oder Nestorianer zu bezeichnen wären, schienen sie, zumindest wenn ein Fremder wie ich sie danach fragte, für unerheblich zu halten, und sogar den Unterschied zwischen der Assyrischen Kirche des Ostens und der Chaldäisch-katholischen Kirche redeten sie mir gering: Streit, wie er zwischen die Assyrer gesät wurde, um sie gegeneinander aufzubringen und besser über sie herrschen zu können. In ein paar Jahren sei derlei abgetan, weil die Assyrer in aller Welt begriffen haben würden, dass es ein Triumph ihrer Feinde sei – und sie hatten welche –, dass sie nicht nur in mehrere Kirchen und unzählige politische Fraktionen zerfallen, sondern sich sogar darüber uneins waren, wer sie überhaupt seien und wie sie sich selber korrekt zu nennen hätten.

Verwundert zwar, verstand ich immerhin so viel: Die Assyrer, die ich im Jahr 2005 nach Christus traf, Metallarbeiter, Gemüsehändler und Universitätsdozenten, Fromme, Skeptische und gänzlich Unfromme – sie alle leiteten ihre historische Identität gleichermaßen von den vorchristlichen Völkern Mesopotamiens und den frühesten christlichen Kirchen des Orients her. Über das eine mag man ungläubig sein europäisches Haupt schütteln, weil die Franzosen sich nur mehr im Scherz ernsthaft als Erben der Gallier und die Deutschen sich lieber nie mehr als die der Vandalen oder Goten empfinden mögen. Das andere hat die Assyrer so lange überleben lassen: Bis ins 20. Jahrhundert herauf waren sie niemand anderer als eben die Christen des Orients gewesen, deren Sprache jener ähnlich sein musste, die Jesus mit seinen Jüngern gesprochen hat. Zu Zeiten, als die osmanischen Sultane herrschten, war die Bevölkerung, die auf dem Gebiet der späteren Türkei lebte, fast zu einem Drittel christlichen Glaubens gewesen; jahrhundertelang hatte sie sich, bald missachtet, bald toleriert, in der muslimischen Welt halten können. Es blieb dem laizistischen Staat der Moderne vorbehalten, dafür zu sorgen, dass es binnen hundert Jahren weniger als 0,01 Prozent wurden, denen dafür periodisch vorgeworfen wird, den Islam durch christliche Missionsarbeit zu bedrohen.

Über Tatsachen wie diese redeten sich viele Assyrer, die ich traf, in eine Erregung hinein, die rituelle Züge und einen stark rhetorischen Charakter zu haben schien. Selbst in ihrem geradezu routinierten Zorn wussten sie aber genau, dass sich eine moderne assyrische Nation nicht allein auf mesopotamischen Mythen und frühchristlichen Traditionen gründen ließ und dass sie ihre Zukunft anders als im romantischen Rückgriff auf eine kolossale Vorzeit und in der nachgetragenen Empörung über all das Unrecht, das ihnen seither widerfahren war, entwerfen mussten.

3

Als ich die Stadtgrenze von Örebro erreichte, begann es zu nieseln. Über der alten Industriestadt, die auf der Höhe von Stockholm und Oslo und ungefähr in der Mitte zwischen beiden liegt, wölbte sich eine düstere Wolkenkuppel, der die dahinter untergehende Sonne einen merkwürdig metallischen Glanz verlieh. Die Einfallstraße führte durch eine Gewerbezone mit den immer gleichen Lagergebäuden und Abstellplätzen für Lastkraftwagen, Frachtgut, industrielles Gerümpel, dann durch ein fast schwarzes Wäldchen und endlich in eine großzügig angelegte Vorstadtsiedlung, die auf trostlose Weise aufgeräumt aussah. Über der anderen Seite der Stadt, dort, wo der Fluss Svartån in den Hjälmaren-See mündet, zuckten die ersten Blitze. Als ich das zentrumsnahe Viertel Hjärsta gefunden hatte, brachen die Wolken in einer gewaltigen Detonation, und sogleich schossen große Tropfen zur Erde nieder, knallend zerplatzten sie am Asphalt, auf dem bald ein weißgischtender Schaum floss. In der Humlevägen, einer schmalen Straße, deren Bäume sich im Sturm bogen, stand unter dem Vordach des Hauses mit der Nummer zwölf ein mittelgroßer, sportlicher Mann mit breiten Schultern. Das war er, Fuat Deniz, Sohn von Einwanderern aus der Türkei, einst Vorsitzender der assyrischen Jugendverbände Schwedens, jetzt Dozent für Soziologie an der Universität Örebro, einer der einflussreichsten Intellektuellen der assyrischen Diaspora, Gastredner auf internationalen Kongressen.

Er stand unter dem Dach, schaute in den prasselnden Regen hinaus und freute sich. Fuat war um die vierzig, hatte einen kräftigen schwarzen Haarschopf und hielt einen Säugling im Arm. »Er liebt das Gewitter«, sagte er als erstes und hob seinen entrückt in den Regen strahlenden Sohn wie zum

Gruß ein wenig in die Höhe. Hinter ihm trat eine attraktive, in ein bodenlang wallendes Kleid gehüllte Frau an die Tür. Sie hatte ebenso schwarzes Haar wie ihr Mann, war Dänin und kam von den Färöer-Inseln, zwei Söhne aus erster Ehe waren bereits erwachsen, der dritte, den sie mit Fuat hatte, liebte die Gewitter und würde in drei Sprachen aufwachsen: im Schwedischen, das die gemeinsame Sprache seiner Eltern war, im Assyrischen und Färöischen. Nein, nicht Dänisch wollte seine Mutter ihn lehren, eine Sprache, die immerhin dazu taugte, sich in Dänemark sprachlich zu behaupten, sondern Färöisch, mit dem er sich nur unter den 37 000 Bewohnern der Färöer-Inseln würde verständlich machen können; und auch nicht Türkisch sollte er in Schweden lernen, das Fuat perfekt sprach und das die Sprache von vielen Millionen war, sondern Assyrisch.

Wir saßen in seiner Bibliothek und Fuat erzählte mir, dass sein Großvater ein analphabetischer Bauer war. Nach und nach siedelten sich in seinem anatolischen Dorf immer mehr Kurden an, die ihrerseits vom türkischen Militär aus ihren Dörfern vertrieben worden waren, und eines Tages waren die assyrischen Christen dort, im äußersten Südosten des Staates, zur Minderheit geworden. Das hätte nichts Schlimmes bedeuten müssen, denn die Assyrer waren es schon lange gewohnt, überall in der Minderheit zu sein. Aber der Druck der Kurden, sich ihnen sprachlich, religiös und politisch anzupassen, wurde so gewaltig und gewalttätig, dass sich dreißig, vierzig Jahre später die nächste Generation der Assyrer aufmachte, die Freiheit anderswo, in der großen Stadt, zu suchen. Fuats Vater war einer davon, er konnte, als er in Istanbul ankam, kaum Assyrisch, besser Türkisch und ausgezeichnet Kurdisch, weil er geboren wurde, als die Kurden, die in der Türkei einer verbotenen Nationalität angehörten, bereits dabei waren, dieses Gebiet Anatoliens zu kurdifizieren. Dieses Wort mutete mich befremdlich an, aber Fuat, der konzentriert, eindringlich und gestenreich sprach, verwendete es gerade so und beharrte auf ihm. 1976 zog Fuats Vater weiter und wanderte mit seiner Frau, die er in Istanbul geheiratet hatte, nach Schweden aus.

Die ersten Assyrer waren zu Beginn der sechziger Jahre nach Schweden gekommen, als die expandierende Großindustrie Tausende Gastarbeiter ins Land rief. Ganze Dörfer und Familienclans aus dem Libanon und der Türkei brachen nach Schweden auf und ließen sich in den größeren Städten nieder. In ihrer Heimat hatten sich die Assyrer über nationale Fragen nicht den Kopf zerbrochen, sondern sich als Gruppe von Christen inmitten der größeren Gruppe von Muslimen verstanden, sagte Fuat. Begeistert, dass das Unwetter nicht nachließ, trat er während unseres Gesprächs zum Fenster, und wenn es ordentlich donnerte, unterließ er es selten, das mit einem anerkennenden Ausruf zu loben. Er hatte eine weiche, belegte Stimme und hielt manchmal abrupt inne, um nachzufragen, ob ich mit dem, was er sagte, einverstanden sei. Aus dem erfahrenen Kongressredner blickte dann ein Jüngling heraus, der befürchtete, sich mit wilden Gedankensprüngen von seinem Gesprächspartner entfernt zu haben:

»Als die Assyrer nach Schweden kamen, fragten die Schweden sie: Wer seid ihr? Und die Assyrer antworteten: Wir sind Christen! Aber das war in einem Land, in dem lauter Christen lebten, kein identitätsstiftendes Merkmal mehr. Kannst du mir folgen?«

»Natürlich. Christ zu sein unter Christen ist nicht so originell, dass die Leute einen daran erkennen.«

»Was sollten sie also sagen, da sie jetzt unter Christen lebten? Sie waren keine Türken, obwohl sie aus der Türkei stammten. Sie waren keine Kurden, obwohl die meisten von ihnen untereinander Kurdisch sprachen.«

»Der türkische Staat war gewissermaßen der anonyme Feind, der sie verfolgte, und die Kurden waren die Nachbarn, die man kannte und von denen man trotzdem verjagt wurde?«

»Ja, so war es.«

Es war mir nicht recht, dass es so war. Es war mir unangenehm zu erfahren, dass sich auch die Kurden, die ich für das Opfer nationalistischer Politik schlechthin zu halten gewohnt war, fähig erwiesen, ihrerseits nationalistische Gewalt auszuüben, dort, wo sie in die Lage dazu versetzt wurden. Wieder einmal ertappte ich mich dabei, die Unterdrückten lieber für edel als eben – für unterdrückt zu halten.

»Als was sollten sich die Assyrer fühlen? Dass sie Schweden seien, konnten sie damals noch nicht behaupten. Also mussten sie langsam dahinterkommen, dass sie als Assyrer noch etwas anderes waren als einfach nur Christen. Und damals begann dieser Prozess, in dem wir uns jetzt noch befinden: dass wir, die wir uns jahrhundertelang durch unsere Religion identifiziert haben, zu einer Nation werden.«

»Aber wir leben doch in einer Zeit, in der die Nationen langsam aufhören, Nationen zu sein!«

»Wer sagt denn so was! Die Westeuropäer haben im 19. Jahrhundert entdeckt, dass sie Angehörige von Nationen sind; gleich begannen sie die zu verachten, die noch über kein nationales Bewusstsein verfügten und folglich richtige Barbaren waren.«

»Immerhin haben sie nach ein paar Kriegen bemerkt, dass die Nationen auch nicht der Geschichte letzter Schluss sind.«

»Ja, bravo. Aber gleich haben sie wieder gewusst, was Fortschritt und was Rückschritt ist. Und weil wir jetzt tun, was sie vor nicht allzu langer Zeit selbst getan haben, sind wieder wir ihre Barbaren.«

»Was heißt: Wir? Dass es Assyrer überhaupt gibt, weiß doch niemand in Europa!«

»Wir, damit meine ich jetzt nicht die Assyrer allein, sondern … uns alle eben.«

»Uns?«

»Na, uns halt, die wir nicht aus dem Westen kommen, sondern aus dem Süden und Osten.«

4

Mir kam es völlig logisch und richtig vor, dass die Assyrer, verstreut über alle Welt, begannen, sich nicht mehr als religiöse Gruppe, sondern als versprengte Nation zu empfinden. Viele von ihnen, die in Schweden oder Frankreich aufwuchsen, in Wien, Toronto, Tiflis arbeiteten, waren ja auch gar nicht mehr religiös. Nur, gehörte zur Nation nicht ein Territorium? Die Assyrer hatten seit ewigen Zeiten keines mehr, und würden sie es dort erhalten, wo ihre historischen Wurzeln lagen, müsste zuvor das gesamte Staatengefüge des Nahen Ostens zusammenbrechen und neu geordnet werden. War das möglich, war es wünschenswert? Ich schaute mir diesen friedfertigen Wissenschaftler an, der seine Leidenschaft für Gewitter auf seinen kleinen assyrisch-färöischen Schweden übertragen hatte, und konnte mir nicht vorstellen, dass er von zusammenbrechenden Staaten, kapitalen Kriegen träumte und hoffte, die Landkarte des Orients werde völlig neu gezeichnet werden.

Wir saßen bei Tisch, aßen Huhn mit Kartoffeln, die in einem bittersüßen orientalischen Gewürz gedämpft waren,

und unterhielten uns über die Technik des Baus von Bücher-
stellagen. Fuat war die Sache ähnlich angegangen wie ich,
nämlich mit hohen Regalen, die er die Treppe aus dem Parterre in den ersten Stock hinauf gebaut hatte, und es erging ihm so wie mir: Die großen Stauräume, die er gewonnen
und von denen er geglaubt hatte, sie würden für lange Zeit
reichen, waren nach zwei, drei Jahren wieder heillos aufge-
füllt. Ich erzählte ihm von einem befreundeten Schriftsteller,
der sich eines Tages über die vielen Tausend Bücher, die sich
bei ihm angesammelt hatten, mit einer nicht zu zügelnden
Energie der Selbstverletzung und Selbstbefreiung hermachte,
jedes Buch einzeln in die Hand nahm und endlich gezählte
150 Stück auswählte, die ihn auf seinen weiteren Lebenssta-
tionen begleiten sollten; alle anderen verkaufte er um einen
Spottpreis an einen Antiquar unter der Bedingung, dass dieser noch am selben Tag die ganze Bibliothek ausräumte und
die Bücher mit einem Lieferwagen wegbrachte. Sich von den
Dingen, die einem ewig wichtig waren, mit einem großen
Schlag zu befreien und noch einmal neu anzufangen, davon
schien Fuat eine unheimliche, gefährliche Verlockung auszu-
gehen. Wiederholt fragte er, als würde er halb hoffen, halb
fürchten, dass ich die Zahl vielleicht doch ins Erträgliche steigern könnte: Wirklich alle, bis auf 150?

Die Assyrer, erzählte er, hatten in Schweden Verhältnisse
vorgefunden, wie sie geradezu ideal für sie gewesen waren.
Sie kamen in ein Land, über das ein Netz kommunaler, ge-
werkschaftlicher und kirchlicher Einrichtungen ausgelegt
war, überall stießen sie auf Gemeindezentren, Volksbildungs-
heime, Gewerkschaftshäuser, Treffpunkte der verschiedenen
Freikirchen. Diese urschwedische Tradition kam ihnen sehr
entgegen, und sie begannen in jeder Stadt ihre eigene Gemeinde zu schaffen, ihre Landsleute zusammenzurufen, da-

mit sie Anteil nähmen am Leben der assyrischen Gemeinschaft, und sie wurden dabei vom schwedischen Staat großzügig unterstützt. Und noch etwas geschah, das Folgen zeitigte, mit denen keiner der Einwanderer aus der Türkei, dem Libanon, Syrien je gerechnet hatte.

Schweden verfocht und finanzierte seit den sechziger Jahren eine Politik, über die in den anderen europäischen Ländern viel gespottet wurde, als handelte es sich dabei um den Ehrgeiz eines hypertrophen Sozialstaates, möglichst viel Geld in sinnlose Obsorge seiner Bevölkerung zu verschleudern. Jedem Zuwanderer, der in Schweden arbeitete, wurde Sprachunterricht in Schwedisch angeboten, den er während seiner Arbeitszeit und bei vollständiger Entlohnung besuchen konnte. Und den Kindern der Assyrer, so wie jenen von 120 anderen Nationalitäten, stand in der Schule außer dem Unterricht in Schwedisch auch der in ihrer Muttersprache zu. Fuats Vater konnte auf Assyrisch nur radebrechen, wiewohl er zuerst sein Dorf und dann die Türkei gerade deswegen verlassen hatte, weil er als Assyrer dort nicht wohlgelitten war. Kaum einer der assyrischen Arbeiter, die mit den ersten Einwanderungswellen nach Schweden kamen, sprach Assyrisch wirklich gut. Aber ihre Kinder hatten Anspruch, es in schwedischen Schulen zu erlernen.

So weit ich gereist bin und mich umgeschaut und umgehört habe, es ist einzigartig in der Geschichte der Migration: dass die Kinder der Einwanderer sich im Einwanderungsland die Sprache aneigneten, die ihren Eltern bereits abhanden gekommen war; dass sich in der zweiten Generation nicht das gefährliche Gefühl der Verlorenheit breit machte, hier nicht und dort nicht zu Hause zu sein, sondern dass sie umgekehrt die Chance erhielt, eine doppelte Identität auszubilden. Die jüngeren Assyrer, die bereits in Schweden zur Schule gingen, sind beides geworden: Schweden, wie man im ganzen Land patriotischere nur schwerlich finden wird, und Assyrer, die ihren Eltern voraushaben, die assyrische Sprache in Wort und Schrift zu beherrschen.

Nirgendwo sonst, glaube ich, ist das geschehen, nur hier ist es den Kindern von Einwanderern gelungen, sich nicht allein die Sprache und Kultur des Einwanderungslandes anzueignen, sondern auch die jener Länder, die ihre Eltern verlassen mussten. Die Assyrer in Schweden, das sind ältere Einwanderer, die einander ihr schweres assyrisches Los nur auf Kurdisch oder Türkisch zu klagen wissen, und jüngere Leute, die über das Land ihrer Vorfahren und ihre eigene Zukunft in der Welt gleichermaßen auf Schwedisch und Assyrisch debattieren können.

Diese Jüngeren waren es, die dazu übergingen, die Assyrer nicht als von alten Zeiten überkommene religiöse Gemeinschaft, sondern als moderne Nation ohne Staat zu verstehen.

»Du hast schon Recht: Damit wir es zu einem eigenen Staat bringen, müsste sich im Nahen Osten fast alles verändern.«

»Kann man sich so etwas wünschen?«

»Man muss es sich sogar wünschen!«

»Aber das Staatensystem des Nahen Ostens wird sich doch niemals friedlich verändern lassen!«

»Wieso nicht? Hast du zu Silvester 1988 geglaubt, dass es binnen ein, zwei Jahren keinen Ostblock mehr geben würde?«

»Trotzdem, jeder neue Staat würde neue Minderheiten schaffen.«

»Ja und, was ist daran Schlimmes? Steht irgendwo geschrieben, dass Minderheiten immer und überall nur verfolgt werden können?«

Mir fiel auf, dass Fuat nicht mehr Rückfrage hielt, ob ich einverstanden war mit dem, was er sagte. Er ärgerte sich über manchen Einwurf und nahm mich nicht länger als Abgesandten einer virtuellen Delegation, für den er didaktisch argumentieren musste. Ich hatte nicht gewusst, dass Frankreich und England 1920 planten, einen assyrischen Staat zu gründen, der zur Heimstatt der orientalischen Christen werden sollte. Ein paar Monate überlegten französische und englische Diplomaten, die sich als Baumeister von Staaten fühlten und auf ihren Bauplänen kühn Grenzen zogen, die noch heute Anlass für Kriege geben, ob es sinnvoll sei, aus der Konkursmasse ihrer Kolonien zum ersten Mal seit vorchristlicher Zeit einen assyrischen Staat zu schaffen. Dann ließen sie den Plan wieder fallen und gründeten stattdessen den Irak und Syrien, die gleich darin wetteiferten, die vielen nationalen und religiösen Minderheiten, die ihnen die europäischen Herren als Abschiedsgeschenk hinterließen, zu verfolgen. 1933 wurde im Irak das Dorf Semile dem Erdboden gleichgemacht, die 600 assyrischen Einwohner fielen dem Blutrausch nicht von religiösen Fanatikern, sondern von begeisterten Modernisierern zum Opfer, die glaubten, der Fortschritt müsse auch im Irak in Form eines Nationalstaates mit homogener Bevölkerung einziehen.

So wie sie erwogen, einen großassyrischen Staat zu gründen, haben die Konferenzgewaltigen auch mit dem Gedanken gespielt, alle Kurden der Region in einem Großkurdistan zu vereinen, aber auch aus diesem Plan wurde nichts. Fuat mochte es den Kurden nicht verübeln, dass viele von ihnen noch immer von einem solchen Staat träumten; er hielt es sogar für möglich, dass es ihn eines Tages, der vielleicht schon nahe war, geben werde. Aber die Assyrer, so verständlich ihr Wunsch einst war, im Wettkampf um den eigenen Staat nicht auf der Strecke zu bleiben, hatten diesen Wunsch nicht mehr, zumindest die meisten von ihnen nicht. Natürlich sollten im

Dr. Fuat Deniz, 3. Oktober 2005

Orient Christen leben, aber dazu brauchten sie keinen eigenen Staat.

Fuat ging in die Küche, kam mit einer Flasche Rotwein zurück, brachte zwei Gläser und einen Aschenbecher, öffnete das Fenster zum Balkon, hob das Rauchverbot, eine Errungenschaft der schwedischen Zivilisation, auf, reichte mir eine Zigarette und steckte sich selber eine an. Wir hörten den Regen rauschen, und Fuat leerte den Wein in die Gläser.

»Ich muss dir ein großes Geheimnis verraten. Ein Geheimnis, das bei uns wohlgehütet wird.«

»Nämlich?«

»Dass die meisten aus meiner Generation sich ihren Eltern gegenüber schuldig fühlen.«

»Warum?«

»Weil sie den Traum, den die Eltern geträumt haben, nicht mehr träumen wollen.«

»Was für einen?«

»Den Traum von Rückkehr.«

5

Der Tur Abdin ist ein Bergland im Südosten Anatoliens, dort, wo am Tigris die Grenzen Syriens, des Irak und der Türkei aufeinander stoßen. Sein Gebirgsstock erstreckt sich etwa zweihundert Kilometer in west-östlicher und 150 in nord-südlicher Richtung. So viele Einsiedeleien wurden schon in der Frühzeit des Christentums kühn an die Felsen des Kalksteins gebaut, so viele Klöster auf den fruchtbaren Hängen errichtet, dass der Tur Abdin seit bald zweitausend Jahren als »Berg der Knechte Gottes« heilig ist. In zahllosen Dörfern überdauerte hier all die osmanischen Jahrhunderte die aramäische

Sprache der ersten Christen. 1915, im Jahr des Seyfo – dem
»Jahr des Schwertes« –, wurden jedoch Abertausende Christen
aus dem Tur Abdin vertrieben, und in den dreißiger Jahren
des 20. Jahrhunderts machte sich die effizient modernisierte
Verwaltung des Staates daran, die uralten assyrischen
Namen der Dörfer zu türkisieren. Den Vertrag von Lausanne,
der 1923 nach dem türkisch-griechischen Krieg geschlossen
wurde und den Minderheiten gewisse Rechte garantierte, hat
der türkische Staat vom ersten Tag an gebrochen. Als 1955
Nationalisten im Stadtteil Beyoğlu Jagd auf die letzten griechischen
Händler und Kaufleute Istanbuls machten, um damit
zugleich die Weltoffenen unter ihren Landsleuten einzuschüchtern,
wurde mehr als zweitausend unwegsame Kilometer
entfernt auch zum Angriff auf die assyrischen Dörfer
des Tur Abdin geblasen. In den Jahren darauf haben zahllose
Assyrer ihre Heimat verlassen, die ersten gingen als Flüchtlinge,
wohin sie sich gerade hatten retten können, die anderen,
die nach Mittel- und Westeuropa aufbrachen, gliederten
sich dort dem Heer der Gastarbeiter ein, das die Industriestaaten
eben erst zu rekrutieren begannen. 70 000 Assyrer leben
jetzt in Schweden, fast ein jeder von ihnen hat seine familiären
Wurzeln auf dieser oder jener Seite des Tur Abdin.

Die ersten Gastarbeiter versuchten bereits in den neunziger
Jahren in die Städte und Dörfer zurückzukehren, die sie
25, 30 Jahre vorher verlassen hatten. Nachdem sie in der Industrie
geschuftet, für türkische Verhältnisse sehr viel Geld
verdient und nie aufgehört hatten, von der Rückkehr zu träumen,
wollten sie die Jahre ihrer Pension dort verleben, wo von
ihren Familien meist nur die Ältesten geblieben waren. Doch
sie kamen in eine Region zurück, in der ein unerklärter Krieg
wütete, der Krieg zwischen der PKK, der Kommunistischen
Partei Kurdistans mit ihrer Untergrundarmee, und dem tür-

kischen Militär. Dieses setzte dabei zum einen auf seine modernen Waffen und die staatliche Lizenz zu töten und zum andern auf das System der »Dorfschützer«.

Die Oberhäupter kurdischer Clans und Stämme, die sich bereit fanden, mit dem Militär zu kollaborieren, wurden zu Dorfschützern ernannt, wie Beamte entlohnt und außer mit mancherlei Privilegien auch mit der Befugnis ausgestattet, die Dörfer, die sie zu schützen hatten, nach eigenem Gutdünken auszupressen. Viele Tausend Dorfschützer standen in schmutzigem Staatsdienst, als die ersten schwedischen Assyrer in den Tur Abdin zurückzukehren versuchten. Ihre Häuser und Felder hatten längst ihre Nachbarn von einst, seit ewig entrechtete Kurden, in Besitz genommen, die ganze Region aber war zur feudalen Beute der Dorfschützer und ihrer Clans geworden. Die kurdischen Agas eigneten sich, von ihren türkischen Herren dazu ermächtigt, die Besitztümer von Kurden an, die sich der PKK angeschlossen hatten oder in die Fänge der türkischen Militärpolizei geraten waren. Riesige Latifundien entstanden auf diese Weise, ganze Dörfer gingen in Claneigentum über, und wo sich noch Assyrer befanden oder gar welche zurückkehrten, dort schlugen die Dorfschützer nicht nur wegen ihrer zusammengeraubten Güter drein, sondern reinen Gewissens natürlich auch, um den Islam gegen den Angriff der assyrischen Kreuzfahrer zu schützen.

Die heimkehrenden Assyrer gerieten zwischen die Fronten. Seitdem die PKK gegen das türkische Militär kämpfte, hat sie Kurden und Assyrer zwangsweise in ihre Armee gepresst und jene als Feinde verfolgt, die nicht bereit waren, sie im jahrelangen Untergrundkampf zu unterstützen. Von den Dorfschützern und dem türkischen Militär wiederum wurden sie drangsaliert, weil sie wenig Begeisterung zeigten, den Krieg statt auf der Seite der PKK auf der des türkischen Militärs mitzumachen. Die Heimkehr in ein Land, in dem paramilitärische Verbände nächtens die Dörfer überfielen, durch das die reguläre Armee ihre Blutspur zog und in dem ein jeder in Gefahr war, zur Geisel der einen oder der anderen zu werden, gelang den Assyrern nicht, sie konnte nicht gelingen. Schon die Ersten, die sich aufgemacht hatten, wurden mit Hass empfangen; doch um die paar Assyrer, die 1993 in ihrem Reisebus erschossen wurden, Mitglieder des Mesopotamien-Vereins von Augsburg, machten die westlichen Medien nicht viel Aufhebens, schließlich starben damals täglich Dutzende Menschen, Kämpfer der PKK, kurdische Zivilisten, türkische Rekruten ...

Erst nach der Jahrtausendwende wagten es die nächsten Assyrer, auf Heimatsuche im Tur Abdin zu gehen. Die Türkei hatte mittlerweile viele Gesetze geändert, den Kurden erste Rechte eingeräumt und angekündigt, den Status der Minderheiten zu verbessern. Den Assyrern wurde nicht nur das Recht auf Rückkehr bestätigt, sondern auch staatliche Unterstützung versprochen. Was geschah? Unter dem Applaus der liberalen Presse und jener Türken, die wussten, dass ihre eigenen Menschenrechte nur gesichert sind, wenn sie auch die Menschenrechte der Minderheiten einschließen, kamen kleine Gruppen von Pensionisten in den Tur Abdin, um ein paar Dörfer wie Sare, Anhel, Kafro wieder zu besiedeln. Der Masse von kurdischen Kleinbauern mussten sie mit ihren schwedischen oder deutschen Pensionen unanständig reich erscheinen und, so wie sie auftraten, in moderner Kleidung, die Frauen ohne Kopftuch, als Sendboten einer sittenlosen Kultur. Die kurdischen Gewinnler des Krieges, der unbarmherzig gegen die Kurden geführt wurde, befürchteten hingegen, die Heimkehrer mit den westlichen Reisepässen könnten womöglich auf die Felder und Anwesen, die sie sich mittlerweile mit dem Maschinengewehr und bezahlten amtlichen Papieren angeeignet hatten, ihre alten Besitzansprüche erheben.

Kaum waren die Regierungsbeamten und Journalisten, die sie feierlich und medienwirksam begrüßt hatten, wieder weg, wurden die gezählten Remigranten von den Schlägerbanden der Dorfschützer in Sare, dem türkischen Sareköy, genötigt, ihre eigenen Häuser teuer ein zweites Mal zu kaufen und den Erpressern gleich noch einmal so viel Geld dafür zu bezahlen, dass sie künftig auch ihr Eigentum schützten. In Anhel, dem türkischen Yemisliköy, wurde der erste schwedische Heimkehrer, der Rentner Maravgi Akcan, von kurdischen Zuwanderern, die sich ihm gegenüber als alteingesessen wähnten, am hellichten Tag so brutal verprügelt, dass er beschloss, seinen Lebensabend lieber nicht im Dorf seiner Kindheit zu verbringen. In Kafro, das auch internationale Fernsehstationen besuchten, um die neuen Häuser der Assyrer ins Bild zu bringen, mussten sie diese festungsgleich ausbauen, im Juni 2005 wurde dennoch auf drei ihrer Besucher ein Attentat verübt. Und in Dayro Du Slibo fiel der assyrische Bürgermeister Gevriye Aslan im Juni 2005 einem Mordanschlag zum Opfer. Er hatte gegen einen Kontrakt aufbegehrt, zu dem viele Familien genötigt worden waren. Um sich in den Besitz von assyrischem Land und gleich noch in den einer treuen Ehefrau zu setzen, entführten junge Kurden die Töchter von Bauern, die sich dann, gemäß uralter, lebensfeindlicher Tradition, in die Hochzeit ihrer Töchter mit den Entführern zu fügen pflegten. Auf diese Weise wechselten nach und nach die Menschen Religion und Nationalität und die Ländereien ihre Besitzer.

Nachdem sie die Nachricht von der Ermordung Gevriye Aslans im fernen Dayro Du Slibo erreichte, haben die Assyrer von Örebro eine Gedenkveranstaltung zu seinen Ehren abgehalten. Ich fragte Fuat, warum es den Assyrern ausgerechnet in den kurdischen Gebieten so schlecht ergangen war. Er seufzte und meinte dann, mit einem Mal müde geworden und meiner Fragen überdrüssig, den Kurden sei eben selbst so viel Grausames widerfahren, dass sie nicht gerade empfänglich für das Leid anderer geworden seien. Aber warum diese Energie, mit der sich die Drangsalierten das Leben gegenseitig schwer machten, die anderen, noch Schwächeren dazu nötigten, sich ihnen unterzuordnen? »Ja«, sagte Fuat, der am Fenster die Gewitter suchte, die sich verzogen hatten und von denen nur ein leises Säuseln in den Zweigen der Bäume geblieben war und dieses Tropfen im Garten, »wir sind uns eben zu ähnlich.«

»Zu ähnlich?«

»Schau, wenn du unsere alten Leute hernimmst, dann wirst du wenig entdecken, was sie von den Türken und Kurden ihrer Generation unterschiede. Türken, Kurden, Assyrer sind sich in fast allem ähnlich.«

»Der Hass ist also nicht entstanden, weil sie so verschieden wären?«

»Im Gegenteil. Den Fernsten zu respektieren, mit dem ich nicht viel gemein habe, ist leicht. Aber mit dem Nächsten auszukommen, der mir in fast allem gleicht, das ist schwer.«

6

Am Holmentorget von Norrköping warteten zwei ungeduldige alte Männer auf mich. Fuat hatte sie in der Früh angerufen, als ich noch einmal bei ihm vorbeigeschaut hatte, um mich zu verabschieden. Die Fahrt von Örebro hatte keine zwei Stunden gedauert und wie durch ein frisch gewaschenes

Land geführt, dessen Wiesen und Felder nach dem reinigenden Gewitter zum Trocknen ausgebreitet lagen. Beim Holmentorget zog der Motala ström, ein schmaler, laut dahinrauschender Fluss, der die Stadt durchquert und dabei über eine Anzahl innerstädtischer Wasserfälle 21 Höhenmeter verliert, eine dramatische Kehre um neunzig Grad. Die beiden standen bei der Statue des belgischen Unternehmers Louis de Geer, der im 17. Jahrhundert mit seinen Mühlen und Fabriken den Frühkapitalismus in Norrköping eingeführt hatte. Der eine, ein drahtiger Mann mit dunklem Teint, kurz geschorenem schwarzem Haar und einem schmalen, klugen Gesicht, dessen Züge an den ägyptischen Schriftsteller Nagib Machfus erinnerten, war Fuats Vater. Der andere, klein, wuchtig und quirlig, hatte einen mächtigen Bauch, über dem sich ein weißes T-Shirt mit der Aufschrift »Disponenten« spannte, sein kugelrundes Haupt war kahl, die Miene verschmitzt. Er war es, der mir zuwinkte und mich fragend mit meinem Vornamen anrief, sobald ich ein wenig näher getreten war. Die zwei Freunde waren im selben Jahr nach Schweden emigriert und hatten beide in einer Fabrik für Papier, Kartonnagen und Verpackungen gearbeitet. Von einem Gang durchs alte, stillgelegte Industrierevier, das direkt vor uns lag und aus dem in den letzten Jahrzehnten ein Kulturbezirk geworden war, wollten sie nichts wissen, den Konzertsaal, die Bibliothek, das Museum der Arbeit könne ich mir noch anschauen, nachdem sie mir das Wichtigste gezeigt hätten.

In ihrem Wagen fuhren wir nach Klockaretorped hinaus, einen Vorort am westlichen Stadtrand. David Erçin lenkte und redete dabei in einem fort, er erklärte mir die Anlage der Stadt, das System von Einfallstraßen und Autobahnzubringern, und boxte mir auf den Oberarm, sobald er den Verdacht hatte, dass ich ihm nicht aufmerksam genug folgte. Murat

Deniz, ein zurückhaltender Mann, saß schweigsam hinter mir im Fond, aber häufig tippte er mir auf meine rechte Schulter und zeigte auf ein Gebäude, an dem wir gerade vorbeifuhren, mit der samtenen Stimme seines Sohnes nannte er dazu nichts als einen Namen.

Klockaretorped war eine Gartenstadt für den Mittelstand, die Reihenhäuser, die meisten reich mit Blumen geschmückt, führten in wohlgeordneten Zeilen auf Kinderspielplätze und kleine Grünanlagen zu. Nachdem er auf einem Parkplatz einen kavaliersmäßigen Bogen gefahren war, stellte David den Wagen vor dem Eingang zum Folkets Park ab. Er hatte den Schlüssel bei sich, mit dem sich das Tor zum Park öffnen ließ, sperrte mit lässiger Gebärde auf und blinzelte mir dabei zu, als hätten wir endlich die Gelegenheit gefunden, gemeinsam etwas Verbotenes zu unternehmen.

Den Kiesweg säumten hohe Birken, deren Laub verstreut über Wiesen lag, die gepflegt, aber nicht zum Zierrasen verdorben waren. David erzählte gutgelaunt dies und das aus seinem Leben, das in einer Stadt namens Kerburan, die die Türken Dageçit nannten, begonnen hatte; Murad hingegen schwieg die meiste Zeit, doch nickte er stets freundlich, wenn ich mich ihm zuwandte, als sei er jedenfalls bereit zu bezeugen, was sein Freund behauptete. Am Ende des Weges stand ein gelb gestrichenes Holzhaus von landesüblicher Bauweise, es hätte sich um den neuen Stall eines Gestüts handeln können, um das Wirtschaftsgebäude eines agrarindustriellen Betriebs. Es war ebenerdig, hatte ein ausladendes Satteldach, in dessen Winkel ein Kreuz angebracht war, und trug über der Tür die Aufschrift: »Syrisk orthodoxa S:ta Maria Kyrka«. Die Tür war verschlossen, was den beiden Anlass zu einem Wortwechsel gab, und wie ich sie so debattieren hörte, fiel mir ein, dass die älteren Assyrer sich nicht in ihrer Muttersprache unterhalten konnten, weil ihre Mütter es nicht gewagt hatten, ihnen diese weiterzugeben. Endlich holte David das Handy aus seiner Windjacke, er wählte und begann sogleich, sich vor dem abwesenden Gesprächspartner zu verbeugen.

Kurz darauf ging die Tür der Kirche von innen auf, und aus dem Finsteren des Gebäudes trat ein kleiner Mann mit einem knabenhaft scheuen Lächeln. Der ehrwürdige Fater Melki Murat, der beliebteste Priester der Assyrer von Norrköping, hatte einen schwarzen Bart und weiche Gesichtszüge, schimmernde schwarze Augen und zierliche Hände, so vornehm wirkte er in seinem Auftreten, dass ich mir gar nicht vorstellen konnte, er würde sich je anders denn langsam und würdevoll bewegt und überlegt und bedachtsam an jemanden gewandt haben.

Das außen geradezu schlichte Gebäude barg ein Gotteshaus, das so innig ausgestaltet war, dass wir hereintretend unwillkürlich verstummten. Der Raum, dessen Sitzreihen mit ihren jeweils dreißig Plätzen zum Altar hin leicht abfielen, war dunkel, doch vorne, neben dem Pult, auf dem mir Fater Melki eine große, fast kindlich naiv illustrierte Bibel zeigte, strahlte die Muttergottes von einem überlebensgroßen Bild, auf das zwei Scheinwerfer gerichtet waren. Die in ein güldenes Gewand gehüllte heilige Maria war vor eine sandig hellbraune, orientalische Stadt gesetzt, und über ihr spannte sich hellblau der Himmel. Fater Melki und die beiden frommen Männer waren stolz auf ihr Gotteshaus, auf diese syrischorthodoxe Kirche, der die Hülle eines skandinavischen Nutzgebäudes übergestülpt war, und sie schauten erwartungsvoll, in welches Erstaunen mich eine solche Kirche hier, in der alten schwedischen Stadt Norrköping, versetzen würde.

Der Priester stammte aus Syrien, die Gläubigen seiner Kirchengemeinde hingegen kamen fast alle aus der Türkei, die meisten aus dem Tur Abdin. Ich begriff, für Murad Deniz und David Erçin war die Kirche ein Stück Tur Abdin, und wie um mir Recht zu geben, zeigte David auf die Stadt, vor der die heilige Maria schützend stand, und sagte: Kerburan, wobei er nickend auf sich deutete. Natürlich war der Kirchenraum kitschig, gleichwohl erfüllte ihn eine Spiritualität, der ich mich nur hätte entziehen können, wenn ich es darauf angelegt hätte. Fater Melki stand vor mir, in seinem schwarzen Anzug, ein schwarzes Käppchen auf dem Haupt, mit einer langen Kette um den Hals, an der ein massives silbernes Kreuz hing, und legte ein Kärtchen aus Karton in meine Hände. Das Kärtchen zeigte in der Größe eines Briefkuverts das Bild, das an der Wand hing, und Fater Melki wandte sich an David und Murad, dass sie mir begreiflich machten, was er mir zu sagen hatte: Diese Gottesmutter – nicht irgendeine –, diese besondere Gottesmutter der Kyrka S: ta Maria von Nörrköping werde mir beistehen, wo immer auf der Welt ich in Not gerate. Der Pfarrer nahm für einen Augenblick meine Hände leicht in die seinen, und ich, seit jeher von reizbarem Hochmut gegen alles, was mir als kirchlicher Hokuspokus erscheint, konnte in seinen schimmernden schwarzen Augen keine Falschheit noch Arglist entdecken. Nein, dieser Priester war überzeugt, dem Fremden, der ich für ihn war und den er in seiner Kirche willkommen geheißen hatte, mit dieser frommen Gabe eine Nothelferin auf allen seinen Wegen mitzugeben.

Der Priester und ich waren außerstande, uns ohne die Dienste von David und Murad miteinander zu unterhalten, denn Fater Melki sprach nur Syrisch und Arabisch. Später, als wir im großen Festsaal saßen, in dem die Tanzabende, Hochzeitsfeiern und Samstagpartys der Jungen stattfanden, erfuhr ich bei einem Glas klebrig süßer Limonade, dass er, der schon seit siebzehn Jahren in Schweden lebte, anders als die Gläubigen seiner Kirchengemeinde niemals Schwedisch gelernt hatte. Für einen Gottesmann geziemte es sich nicht, allzu großen Anteil am gesellschaftlichen Leben Schwedens zu nehmen, und ihn schienen auch die politischen Debatten, wie sich die Assyrer im Exil zu behaupten hätten, nicht sehr zu interessieren. Dass es überhaupt noch Assyrer gab, war auch den Priestern zu verdanken, die die Gläubigen in ihrer religiösen Identität bestärkt hatten; aber als sich im Exil eine assyrische Nationalbewegung zu formieren begann, sahen die Priester das gar nicht gern. Wer ein Christ war, brauchte keine Nationalität zu haben, Christ zu sein genügte. Gewiss, die Assyrer würden eines Tages in den Orient zurückkehren, aber nicht weil sie eine eigene Nationalität bildeten, sondern weil sie den rechten Glauben dorthin zurückbringen würden, von wo er einst in die Welt hinausgegangen war. Aber auch das war nicht wichtig, denn das Heil war dort, wo sie Kirchen bauten und ein Haus für sich und ihren Gott hatten.

7

Wir fuhren zurück ins Stadtzentrum. Ich fragte David und Murad, wie viele Sprachen sie konnten. Sie lachten und begannen wie Kinder, mit den Fingern aufzuzählen. Kurdisch, das war die Sprache der Region, in der sie aufgewachsen waren, und Kurdisch war auch in Schweden ihre Hauptsprache, die meisten ihrer Freunde sprachen diese am besten. Dann Türkisch, das sie nicht so gut wie Kurdisch sprachen, weil sie es in der Kindheit nur schlecht erlernt hatten und weil es ihnen erst beim Militär eingebläut worden war. Schwedisch natürlich, denn schließlich war man hier in Schweden, und der Sprachkurs, in den sie von ihrer Firma geschickt wurden, war eigentlich der einzige reguläre Unterricht, den sie in ihrem Leben genossen hatten. Und Syrisch konnten sie auch – jetzt schmunzelten sie –, allerdings nur gerade so viel, dass auch der einsame Priester jemanden hatte, der ihn verstand. Und Assyrisch? Nein, Assyrisch sprachen sie nicht. Die uralte Form des Assyrischen, wie sie in der heiligen Messe als liturgische Sprache verwendet wurde, war ihnen vom Klang vertraut, aber die hatte mit dem Assyrischen, das ihre Großeltern im Alltag gesprochen hatten, und erst recht mit der Sprache, die ihre Kinder als Assyrisch bezeichneten, nicht viel zu tun.

Irgendwo stieß Murad, der jetzt vorne saß, seinen Freund an, der das Fahrzeug stark abbremste. Murad deutete auf ein Gebäude, aber diesmal nannte er nicht nur den Namen, sondern redete hastig auf mich ein. Eine Schule. Aber was für eine? Es dauerte, bis ich verstand, dass es eine war, wie es sie in Österreich gar nicht gab, eine Sonderschule nämlich – für Gymnasiasten. Es stellte sich heraus, dieses Gymnasium, das mit der Matura abgeschlossen wurde, die zum Studium an der Universität berechtigte, war für Jugendliche gedacht, die Schwierigkeiten hatten, auf die nämliche Weise zu lernen wie ihre Altersgenossen und die als das galten, was man »verhaltensauffällig« nennt; Jugendliche also, die im üblichen Unterricht nicht wegen körperlicher Gebrechen, mangelnder Begabung versagten, sondern weil sie unruhig, aggressiv, zerstreut, lästig, hyperaktiv – kurz: schwierig waren.

Murad schien dieses Gymnasium für eine Sehenswürdigkeit seiner Stadt zu halten. Er selbst war nicht lange zur Schule gegangen, hatte der Bildung aber hohen Wert zugemessen. Auf seine scheue Weise zeigte er Stolz, als er mir zögernd diese Leistung seines Lebens mitteilte: Ein ungelernter Arbeiter in fremdem Lande, hatte Murad Deniz mit seiner Frau fünf Kinder aufgezogen, und alle fünf hatten es auf die Universität gebracht. Lauter Akademiker in einer Familie von Arbeitsemigranten ... Ich musste an den Ehrgeiz österreichischer Bildungspolitiker denken, die, sei es aus ideologischer Verblendung oder Dummheit, vermutlich aber wegen beidem, alles unternahmen, dass die Kinder von Gastarbeitern in der Schule nicht gefördert, sondern behindert wurden, auf dass sie als unausgebildete Arbeitskräfte gezwungen wären, dereinst die Jobs ihrer Eltern zu übernehmen. Was immer in den vergangenen dreißig Jahren Pädagogen vorschlugen, daran etwas zu ändern, sie wurden als realitätsfremde Spinner verleumdet. Jede soziale Verbesserung unseres Schulwesens wurde als staatsverordnete Gleichschaltung, die die hochbegabten Sprösslinge der Nation um ihre Chancen bringen werde, denunziert und abgewiesen, und die von den wechselnden Regierungen in Auftrag gegebenen Bildungs-Studien wurden ignorant stets so gedeutet, wie es gerade passte. Erst seit kurzem, als ihnen das Schicksal von Einwandererkindern als Menetekel auf brennende Vorstädte, ethnische Konflikte, kulturellen Bürgerkrieg vor Augen trat, haben selbst unsere Schulpolitiker eingelenkt. Und gleich wieder zurückgelenkt. Sprachkurse ja, aber nur, wenn sie von den Migranten selber bezahlt würden und abends nach Dienstschluss stattfänden, Integration nicht als Chance, sondern als Prüfung.

Ich merkte, dass wir das Zentrum hinter uns gelassen hatten und zum Stadtrand unterwegs waren. Vor einer großen, geradezu wehrhaft ausgebauten Lagerhalle hielt David den Wagen. Wir gingen zur Rückseite, wo ein paar Arbeiter und Fahrer vor Lastkraftwägen beisammen standen. Die Firma »Disponenten« gehörte Davids Tochter und belieferte Restaurants mit Lebensmitteln aller Art. In der Halle war es kalt, und während er mir alles erklärte, von wo an welchem Tag das Gemüse und der Fisch angeliefert und um wie viel Uhr sie täglich an welche Restaurants ausgeliefert wurden, griff sich David fortwährend etwas aus den Regalen und steckte es in eine Tragtasche aus Plastik. Im Büro, in das er mich schob, saßen zwei Männer in mittleren Jahren, die die geschäftsmäßige Miene, die sie machten, als sie mich sahen, gleich wieder abstreiften, sobald David polternd hinter mir erschien. Der eine steckte in einer schwarzen Lederjacke, trug über dem muskulösen Brustkorb ein rotes T-Shirt mit der Aufschrift ACDC, und es hätte mich gewundert, wenn das Motorrad, das im Hof stand, nicht das seine gewesen wäre – er war der Geschäftsführer, Davids Schwiegersohn. Der andere hatte rotblonde Locken, der gekräuselte Schnurr- und der flaumige Kinnbart gaben ihm etwas Verwegenes, im Ohr steckte ein kleiner Ring. In einem Deutsch, das er selber als Westfälisch bezeichnete, fragte er, was mich nach Schweden geführt habe. Ah, interessant, sagte er, als er es erfuhr, er hielt die Assyrer offenbar selbst für ein interessantes Thema. Er war als Kind assyrischer Emigranten in Deutschland aufgewachsen und lebte seit zehn Jahren in Norrköping, wo er jetzt ein Restaurant besaß. Ich sagte anerkennend, dass die Assyrer es in Schweden offenbar weit gebracht hätten, und der westfälische Assyrer von Norrköping nickte: »Ja, so fleißig und geschickt wie wir sind sonst nur die Juden und die Armenischen.«

Später brachten David und Murad mich doch noch in die Stadt. Als wir uns verabschiedeten, drückte mir David zwei schwere Plastiktaschen, vollgestopft mit Bananen, Keksen und Pistazien, in die Hand, und Murad, der so feierlich wirkte wie David, überreichte mir ein schweres Glas. So stand ich, als sie weg waren, wohlversorgt am Holmentorget, doch das Museum der Arbeit, das ich mit meinen Plastiktaschen und dem Glas Birnenkompott besuchen wollte, hatte bereits geschlossen.

8

So idyllisch ist es in Schweden aber auch wieder nicht, dass Zuwanderern gar keine Hindernisse in den Weg gelegt würden. In einer Studie hatte ich gelesen, was aus den geförderten Kindern von Migranten später im Leben wurde, und von einem erstaunlichen Phänomen erfahren: dass die schulische Ausbildung, die sich der Staat so viel kosten ließ, gesellschaftlich nicht genutzt wurde. Viele Söhne und Töchter der assyrischen Einwanderer besuchten das Gymnasium, nicht wenige schlossen sogar ein Studium ab – aber wenn sich dann ein diplomierter Lebensmitteltechniker mit dem Namen Rima Tasci oder die promovierte Chemikerin Ninorta Kerimo bei einem Konzern um einen Job bewarben, wurden sie gar nicht erst zum Einstellungsgespräch geladen, weil der Posten schon an einen Pär Martinsson oder eine Gunilla Lindberg vergeben war. Gegen solche Benachteiligung ließ sich wenig machen, zumal sich kein Arbeitgeber öffentlich zu dem ethnischen Motiv bekannte, das ihr zugrunde lag. Weil sie mit ihrer guten Ausbildung oft nichts anfangen konnten, suchten viele Assyrer der Misere auf dem nämlichen Weg zu entrinnen: Die im erlernten und gewünschten Beruf keine Anstellung fanden, gründeten kleine Unternehmen.

Die vielen Händler und Gastronomen, die es unter den Assyrern gibt, sind oft Natur- oder Geisteswissenschaftler, die das Metier, in dem für sie kein Fortkommen war, gewechselt haben. Die Betreiber von Gemüsehandlungen und Catering-firmen, von Blumen- und Antiquitätenläden sind ausgebildete Versicherungsmathematiker oder Soziologen, wer einen Friseursalon besitzt, wollte eigentlich Veterinär werden, der Ingenieur für Flugzeugbau führt eine Reparaturwerkstätte für Motorräder, der technische Zeichner hat sich als Änderungsschneider selbständig gemacht … Fuat fand, dass die Assyrer auf die gesellschaftliche Situation in Schweden ähnlich reagierten, wie es die Juden im Orient getan hatten: Gerade weil sie politisch keinen Einfluss erlangen konnten und ihre beruflichen Aussichten beschränkt blieben, ist die Intelligenzia da wie dort geschäftlich tätig geworden, nicht im Big Business, sondern in ehrgeizig betriebenen Klein- und Familienbetrieben, im Einzelhandel, im Import-Export-Geschäft und in der Gastronomie. Auf diese Weise ist eine assyrische Mittelschicht entstanden, die sich für die Benachteiligung, die sie am staatlichen und privaten Arbeitsmarkt erfuhr, durch geschäftliche Erfolge und wachsenden Wohlstand schadlos hielt. Und dieser kommerzielle Erfolg, der ihnen ursprünglich gar kein Lebensziel war und dem sie sich nur ersatzweise verschrieben, macht die Assyrer manchen Schweden heute schon wieder unsympathisch: Am Ende wird ihnen vorgeworfen, dass sie die Rolle, in die sie gedrängt wurden, gar so gut zu spielen wissen.

Ich saß im »Alanya« am Rathausplatz von Södertälje, einem nicht gerade schönen Restaurant, dem aber auch zur Hässlichkeit noch einiges fehlte und in dem zu durchschnittlichen Preisen eine zuverlässig mittelmäßige Kost serviert wurde, von einem Personal, das offenbar Übung darin hatte, weder freundlich noch unfreundlich zu sein, sondern sich unanfechtbar neutral zu verhalten. Das Alanya war ein assyrisches Lokal, wenngleich man das weniger an den Speisen erkannte als an der Einrichtung, die ein moderat orientalisches Flair hatte, an dem Riesenbildschirm in der Ecke, in dem eine Sendung von »Suroyo TV« lief, und an den Tischen, an denen nur wenige blonde, aber viele dunkelhaarige Schweden und Schwedinnen saßen, die ich, wenn ich mich nicht in Södertälje befunden hätte, für Türken oder Araber gehalten hätte.

Von Södertälje aber, einer Stadt von 60 000 Einwohnern in der Provinz Södermanland, wusste ich, dass sie ein Hoffnungsort von Hunderttausenden Assyrern in der Diaspora ist. Hier hat der assyrische Fernsehsender Suroyo TV seinen Sitz, der via Satellit in 84 Ländern empfangen wird. Und hier ist der Fußballklub Assyriska Fotbollsföreningen zu Hause, der 1971 von Flüchtlingen aus dem Libanon gegründet wurde, 2004, nachdem er sich in drei Jahrzehnten von der untersten, der achten Kreisliga durch alle Divisionen des schwedischen Fußballs nach oben gekämpft hatte, in die erste Profiliga des Landes aufstieg und heute so etwas wie die assyrische Nationalmannschaft, die Nationalmannschaft einer über die Kontinente und Länder versprengten Nation ohne gemeinsamen Staat darstellt.

Södertälje liegt 35 Kilometer südlich von Stockholm zwischen dem ausgedehnten Mälarsee und der Ostsee, die durch den Södertälje-Kanal, der die Stadt von Nord nach Süd durchquert, verbunden sind. Die Umgebung bietet, je mehr der Kanal sich dem Meer entgegen weitet, prächtige Plätze für Segler, Fischer, Wassersportler. Das Gemeindegebiet hingegen ist von jener gediegenen, unspezifischen, vom praktischen Nutzen bestimmten Allerweltsurbanität, die es einem so schwer macht, nach einer Reise durch die schwedische Provinz die Städte nachträglich voneinander zu unterscheiden. Diese Städte sind wohlgeordnet, gut organisiert, ihr Zentrum wirkt, als wäre es als großes Wohnzimmer eingerichtet

Mesner in der Syrisch-Orthodoxen Kyrke St. Gabriel
in Södertälje

worden, in dem das Einkaufszentrum das wichtigste Mobiliar ist, und wenn man sich eine Zeitlang in so einer praktischen Innenstadt aufgehalten hat, wundert man sich, dass die Passanten nicht in Pantoffeln unterwegs sind. Kurz, Södertälje ist eine architektonisch gesichtslose Stadt, die die touristische Reise nicht wert wäre, aber eine einzigartige zugleich, deren Geschichte nicht von den Herzögen des Mittelalters, den Reformatoren und Bürgern der frühen Neuzeit zeugt, sondern von Zuwanderern, Arbeitsemigranten, Flüchtlingen, die bereits vor hundert Jahren angefangen haben, nach Södertälje zu strömen, und von denen die Assyrer längst die größte Bevölkerungsgruppe stellen.

Ich bezahlte und ließ mir von der Kellnerin im Alanya auf dem Stadtplan zeigen, wie ich zur Viksängsvägen und zur Hantverksvägen gelangte. Rasch orientierte sie sich am Plan, mit kräftigen Strichen zeichnete sie die Route und meine Ziele in den Außenbezirken an. Vielleicht war sie eine jener Akademikerinnen, von deren sozialer Biografie ich gelesen hatte, und war über das Studium des Hoch- und Tiefbaus ins Alanya geraten. Über ihrem von ferne an eine orientalische Tracht erinnernden Kleid blitzte im Licht der vielen Lampen ein kleines goldenes Kreuz. Als ich auf ihre weniger persönlich als sachlich gestellte Frage antwortete, warum ich zum Studio von Suroyo TV und dann auch noch zum Assyriska Kulturhuset wollte, bat sie mich, einen Moment zu warten. Sie kam aus der Küche mit einem Mann zurück, der mir die Hand schüttelte und mir auftrug, beim Fernsehen seinen Cousin Metin Rhawi zu grüßen.

9

Metin erklärte mir gleich, als er seinen Namen nannte, dass
er seinen Namen nach dem heiligen Martin habe, obwohl
christliche Namen in Anatolien verboten waren, als er auf die
Welt kam. Die meisten Assyrer hätten zwei Vornamen, jenen,
der in ihrer Geburtsurkunde, im Pass und in den amtlichen
Dokumenten stand, und den zweiten, der recht besehen der
erste, ursprüngliche war, den verbotenen christlichen Namen.
Deswegen würden Assyrer, die beispielsweise Ilhan oder Yil-
maz hießen, von ihren Freunden und Verwandten kaum je so
gerufen, sondern Gabriel, Simon, Stefan oder wie sie sonst
getauft worden wären, wenn der Wunsch der Eltern nicht gegen staatliches Gesetz verstoßen hätte.

Im Gebäude von Suroyo TV, das in dem östlich des Kanals
gelegenen Stadtteil Östertälje in einer schattigen Senke stand,
herrschte zur frühen Nachmittagsstunde hektischer Betrieb.
Männer und Frauen, alle unter vierzig, hasteten durch die
Gänge, verschwanden in Redaktionszimmern und Studios,
trugen Manuskripte, Dekorationsstücke, Kassetten von da
nach dort. Metin, einer der Programmverantwortlichen, lächelte beständig und mit einer Andeutung von Spott; er
schien es, von flinker Auffassungsgabe wie er war, gewohnt zu
sein, mehrere Dinge gleichzeitig zu tun, und geleitete mich so
durch das Gebäude, dass er nebenbei kurze Gespräche mit
einzelnen Redakteuren, Studiotechnikern, Büroangestellten
führen konnte. Suroyo TV zählte 22 Mitarbeiter, die unent-
geltlich arbeiteten, sie kamen aus ganz Schweden und wurden
durch Volontäre aus Deutschland, Holland und der Schweiz
verstärkt.

Suroyo TV war kein Regionalsender, der über die Gescheh-
nisse in Södertälje berichtete, sondern eine Nachrichtensta-

tion, die ihre in 84 Länder versprengten Seher mit Berichten aus aller Welt versorgte. Es ging nicht darum, vom schwedischen Gemeindeleben der Assyrer zu informieren, sondern die assyrische Sicht auf die bedeutsamen Ereignisse der Weltpolitik zu verbreiten. Die assyrische Sicht? Nein, so nannte Metin sie nicht, denn er legte Wert auf den Namen »Suroyo«, alle Wendungen, die von »Assyrien« abgeleitet wurden, lehnte er ab. Warum? Das zu erklären wäre zu kompliziert, beschied er mir mit einem definitiven Lächeln, doch wenn ich bei »Assyrern« und »assyrisch« bleiben wolle, mache ihm das nichts aus. Den Eindruck hatte ich nicht, aber Metin, der mir bereitwillig auf jede meiner Fragen mit einem Kurzreferat geantwortet hatte und die Gabe besaß, die Dinge auf den Punkt zu bringen, war unwillig, die Zeit mit Debatten über terminologische Differenzen zu verschwenden, die ich ohnedies nicht verstehen könnte.

Es war ihm wichtig, dass ich Suroyo TV nicht für einen lokalen, sondern einen internationalen Sender hielt, aber er betonte, dass dieser nicht zufällig hier in Södertälje seinen Betrieb aufgenommen hatte. Södertälje war eine Arbeiterstadt aus Zuwanderern, nur wenige Einwohner stammten von Familien, die über drei Generationen eingesessen waren. Die ersten, die vor mehr als hundert Jahren in die Stadt kamen, waren Finnen, jetzt gab es noch immer rund 8000 Södertäljer, die sich als finnische Schweden fühlten, zugehörig der ersten von vier anerkannten Minderheiten im Lande, und rechnete man die vielen dazu, die von Finnen abstammten, aber nicht nur die Staatszugehörigkeit, sondern auch die Nationalität gewechselt hatten, war der Anteil von Finnen an der Einwohnerschaft beträchtlich. Übertroffen wurden sie nur von den Assyrern – oder eben Suroyos, Suryoye, Syriaken, Mesopotamiern –, von denen die ersten 1967 in Södertälje eintrafen, eine Handvoll Großfamilien aus dem Libanon, denen Flüchtlinge aus der Türkei folgten. Schon Anfang der siebziger Jahre waren es ein paar Tausend, die sich in Södertälje ansässig gemacht hatten, der Lkw-Hersteller Scania war damals auf dem Weg, zum weltführenden Konzern der Branche aufzusteigen, und er benötigte viele, sehr viele Arbeitskräfte. Auch der Pharmakonzern AstraZenica expandierte und förderte, da er sich auf dem schwedischen Arbeitsmarkt nicht ausreichend bedienen konnte, gezielt die Familien- und Clanzusammenführung der Assyrer, deren Vorhut sich als so arbeitsam und tüchtig erwiesen hatte.

In den neunziger Jahren stellten die Assyrer schon über ein Viertel der gesamten Bevölkerung, kein Wunder, dass sie zu einer prägenden wirtschaftlichen und kulturellen Kraft der Stadt wurden. Bestimmte Geschäftszweige dominierten sie längst, etwa die Gastronomie. Warum gerade diese? Naja, sagte Metin zögernd, die Schweden seien eigentlich nicht so recht dafür begabt, den Gastwirt zu geben: »Wird ein Schwede Wirt, dann fühlt er sich nach seiner protestantischen oder sozialdemokratischen Art als Volkserzieher, der seine Gäste von der Schädlichkeit des Alkohols und Nikotins überzeugen möchte.«

Er lächelte, aber nicht mehr, als er es während des ganzen Gesprächs getan hatte, ich fragte mich, ob das Lächeln nur seine offizielle Miene war und sich auf dem Gesicht dieses beherrschten Mannes auch Ärger, wirkliche Freude oder Übermut abzeichnen konnten. Als er mich in das Studio führte, in dem die wöchentliche Kochsendung aufgenommen wurde, die bei den amerikanischen und kanadischen Sehern so beliebt war, schüttelte er den Kopf und trat hinter die Herdflächen zu einem kleinen Regal, auf dem Öl-, Essig- und Weinflaschen aufgereiht waren. Penibel drehte er jede Flasche, deren Etikett zu sehen war, einzeln um, nicht dass jemand, der Suroyo TV aufdrehte, es mit Schleichwerbung zu tun bekomme. Wie aber finanzierte sich der Sender? Metin lächelte: »Aus Spenden! Wir haben Tausende Freunde in aller Welt, und unter diesen natürlich auch wohlhabende Leute, die es sich etwas kosten lassen, dass es uns gibt.«

In der Kantine erzählte ich Metin, dass ich am nächsten Tag zum Assyriska Kulturhuset wollte, in dem auch der berühmte Fußballclub seine Geschäftsleitung hatte. Ja, sagte er. Und dann einige Zeit nichts. »Wir haben noch einen zweiten Verein in der Stadt, Syrianska. Er spielt recht erfolgreich in der zweiten Division.« Und dann fügte er hinzu, Einwände, die er mich gar nicht wissen ließ, beiseite schiebend: »Aber ich muss zugeben, es ist schon wichtig, dass es Assyriska gibt, wichtig für die Schweden, für die Zuwanderer im Allgemeinen und die Suroyos im Besonderen.«

10

Das Assyriska Kulturhuset im Stadtteil Hovsjö ist in einer aufgelassenen Großgärtnerei untergebracht. Vormittags wurden im Trakt mit den Büros eifrig Türen aufgerissen und zugeschlagen, und in der großen Halle, in der sich ein paar Mal im Jahr an die tausend Leute versammelten, saßen jetzt vierzig, fünfzig Pensionisten um weit voneinander postierte kleine Tische. Sie spielten Karten, luden mich ein, ihnen dabei zuzuschauen, und debattierten in hitzigen Reden und abwiegelnden Gegenreden über die Tische hinweg. Besitzer des Hauses ist die »Assyrische Federation«, die größte politisch-kulturelle Organisation der schwedischen Assyrer, die unter ihrem Dach etliche mehr oder weniger autonome Vereine und

Verbände vereint. Der Assyriska Fotbollsföreningen ist nur einer von ihnen, freilich der bekannteste und jener, mit dem es den Assyrern am besten gelingt, ihre Anliegen der schwedischen Gesellschaft bekannt zu machen, ja auf diese einzuwirken.

Längst ist Assyriska, einst von ein paar Arbeitern gegründet, die nach Arbeitsschluss bei Scania auf der Wiese kickten, kein exklusiv assyrischer Verein mehr. Kapitän der Mannschaft, die den Aufstieg in die Allsvenskan, die oberste schwedische Profiliga, schaffte, ist der jugoslawische Kriegsflüchtling Zoran Manović, Torschützenkönig der Afrikaner Kabba Samura, Trainer der aus Angola stammende Portugiese José Morais, und im Kader finden sich auch die Söhne ungarischer und griechischer Einwanderer. Der Fußball selbst ist in Södertälje, wo bis dahin Eishockey die populärste Sportart war, erst durch die Zuwanderer heimisch geworden. Neben so vielen neuen Schweden gibt es bei Assyriska mittlerweile auch Spieler aus urschwedischen Familien. Der einstige Verein der assyrischen Arbeiter hat sich einen Namen dafür gemacht, dass er schwierige Talente mit fast schon verpfuschter Karriere in sein Team zu integrieren vermag. Im Tor steht Erland Hellström, Sohn des legendären Nationalkeepers Ronny Hellström, der überall aneckte, trotz seiner großen Begabung von einer Mannschaft zur nächsten abgeschoben wurde und sich erst bei Assyriska entfalten konnte. Die Anhängerschaft der Mannschaft ist daher groß, sie reicht weit über Södertälje hinaus und ist auch nicht auf die Assyrer beschränkt, von denen Zehntausende in Europa, Australien, im Nahen und Mittleren Osten jedes Wochenende an den Spielen via Satellitenübertragung teilhaben. Assyriska ist auch die Mannschaft der anderen Zuwanderer und jener Schweden, die den Zuzüglern ihre Sympathie zeigen wollen.

Das alles erzählte mir in seinem beengten Büro Robil Haidari, ein warmherziger, stattlicher Mann Mitte dreißig, der bei Assyriska als Marketingchef arbeitet. Robil erwies sich als gebildeter, grüblerischer Intellektueller, wie ich ihn in der Werbebranche und im Geschäft mit dem Fußball nicht unbedingt erwartete, und ging seiner Arbeit mit Verve und Überzeugungskraft nach. Stolz zeigte er mir ein Foto, auf dem er neben dem schwedischen Premier Göran Persson zu sehen war, beide mit dem weiß-roten Schal von Assyriska und eben dabei, auf der klapprigen Tribüne des alten Stadions von Södertälje Platz zu nehmen. Robil hatte die dünnen rotbraunen Haare straff zurückgekämmt, das markante Kinn drückte Entschlossenheit aus, unter den rotbraunen Augenbrauen aber glänzten die Augen eines Melancholikers. Zweimal hatte Assyriska mit dem schwedischen Fußballverband Schwierigkeiten bekommen. Das erste Mal, als sie ihre Premiere in der ersten Liga gab und die Mannschaft aus Assyrern, Afrikanern, Jugoslawen, Ungarn, Letten, Griechen, Schweden und einem Iraker nach dem Einlaufen die schwedische Nationalhymne anstimmte; das zweite Mal, als sie zu einem Spiel, das am 90. Jahrestag des Seyfo stattfand, mit schwarzen Armbinden antrat und der Stadionsprecher das Publikum um eine Schweigeminute für die ermordeten Armenier und Assyrer des Jahres 1915 bat. Damals wurde dem Club vom Präsidium des schwedischen Fußballverbands untersagt, den Sport für politische Zwecke einzuspannen, aber gerade dies, dass Assyriska die Freude am Spiel mit politischen und sozialen Anliegen verbindet, schafft der Mannschaft ja überall so viele Freunde. Während der schwedische Fußballverband den Erfolg der ungebärdigen Truppe mit Misstrauen verfolgte, wuchs ihr eine Anhängerschaft zu, die sie auch in fremden Stadien mit Sprechchören begrüßt.

Ja, sagte Robil, ein bisschen ist es schon so, dass wir die Mannschaft für das gute, das weltoffene, aufgeklärte Schweden geworden sind. Der Verein war in den letzten Jahren, auch wegen der gezielten Arbeit, die Robil als Kulturarbeit bezeichnete, immens gewachsen, es gab jetzt Mannschaften für jede Altersstufe, von den Vorschulkindern bis zu den Senioren, und so viele Mädchen kamen inzwischen zu Assyriska, dass sich bereits drei komplette Mädchenmannschaften mit ihnen bilden ließen. »Stell dir das vor«, rief Robil begeistert, »Orientalen und Mädchenfußball!«

Später, beim Kaffee, sagte ich ihm, dass ich gestern Suroyo TV besucht und erfahren hatte, dass sich via Satellitenübertragung Assyrer in aller Welt Woche für Woche über den Verlauf der schwedischen Fußballmeisterschaft kundig machten und dass es organisierte Fangruppen von Assyriska sogar in Milwaukee und im Irak gebe. Ja, sagte Robil. Und dann lange nichts. Selbstverständlich habe er nichts dagegen, wenn ich das Assyrische als Suroyo bezeichnen wollte, obwohl er auch nicht wisse, was für diese Bezeichnung spräche. Ohne mir seine Vorbehalte dargelegt zu haben, räumte er nach einer Weile ein: »Aber es ist schon gut, wenn wir jetzt einen Sender haben, der unsere Landsleute in aller Welt erreicht.«

II

Abends stand ich am Strängnäsvägen, einer breiten Einfallstraße, die aus dem Südwesten in die Stadt hereinführte, und sah etwa dreißig Männern zu, die unter fahlem Flutlicht hin und her liefen. Mit mir beobachtete eine Handvoll Leute das Training. Vor einigen Jahren hatte Assyriska, um die ethnische Grenze auch symbolisch aufzuheben, dem Namen die

nähere Bezeichnung hinzugefügt: »Hela Södertäljes lag« –
Die Mannschaft von ganz Södertälje. Das Stadion war in
einem jämmerlichen Zustand, der Rasen ein besserer Acker.
Von Robil wusste ich, dass jetzt endlich das Geld beisammen war für ein neues, größeres Stadion mit ordentlichen
Zuschauertribünen, modernen Kabinen, einem Rasen, der
nicht holprig war. Dem Bårsta-Platz am Strängnäsvägen sah
man hingegen an, dass er aus einer Wiese von Hobbykickern
entstanden war, indem man da eine Behelfstribüne aufstellte,
dort einen Hügel aufwarf oder eine neue Baracke zum
Duschen und Umkleiden errichtete. Die meisten Spiele waren ausverkauft, dann drängten sich 6500 Zuschauer auf den
Zuschauerrängen, und ein paar Hundert feuerten ihre Mannschaft von den Balkonen und Fenstern der umliegenden
Wohnblöcke an, oder von außerhalb des Stadions, dessen
Zäune genügend Durchblicke gewährten.

In seiner Abneigung gegen den bunten Verein hatte der
schwedische Fußballverband Assyriska dazu verdonnert, die
Heimspiele gegen die großen Clubs aus Stockholm, Göteborg, Malmö ins riesige Rasunda-Stadion nach Stockholm
zu verlegen. Ein magerer, unablässig rauchender Mann mit
grauen Bartstoppeln und einer Brille, hinter der seine Augen
stark vergrößert waren, erklärte mir das als große Ungerech-
tigkeit. Elias schaute, seitdem er in Pension war, jeden Tag am
Fußballplatz vorbei und hatte mich, da er im Häuflein der
Aufrechten und Eingeweihten den Fremden entdeckte, neugierig angesprochen. Er kannte alle Leute auf dem Platz, Zu-
seher wie Spieler, er wusste, wann Erland Hellström von
Hammerby zu Assyriska gekommen war (2004), wo der afri-
kanische Mittelfeldspieler Charles Sampson vorher gekickt
hatte (in Griechenland bei Kalamata) und wie viele Tore der
begabte Stürmer Naramansin Awrohum, der aus der eigenen

Juniorenmannschaft kam, in seiner ersten Saison in der Kampfmannschaft erzielt hatte (nur drei). Schon 1975 stand Elias hier, als Assyriska zum ersten Mal in der achten Kreisliga antrat, aus der man nicht mehr absteigen konnte, weil es die unterste Liga war, und die erste Saison mit einem einzigen Punkt und dem Torverhältnis von 11:101 beendete.

Elias war in der Türkei nahe der syrischen Grenze aufgewachsen, in Mardin, das einst die schönste Stadt der Welt war, wie er sagte, ein Wunder aus Sandsteinhäusern, alten Moscheen und noch älteren Kirchen, die sich an den Hang des Berges lehnten. Er war Historiker aus Leidenschaft und Verlorenheit und schien froh, einen Wissbegierigen gefunden zu haben, dem er von der Geschichte der Assyrer und seinem Leben erzählen konnte. Nirgendwo sonst hatte es so viele Kirchen und Klöster gegeben wie in Mardin, aber heute waren die allermeisten frevelhaft zu Ställen und Schuppen entweiht. Seine Geburtsstadt war wie Jerusalem gewesen, voller Gotteshäuser aller Konfessionen, voller Pilger aller Konfessionen; jetzt lebten dort fast nur mehr Muslime, die nicht froh darüber wurden, endlich unter sich zu sein, im Gegenteil. Zwar hatte Mardin immer noch einen Erzbischof, der die Stadt aber nur aus symbolischen Gründen und aus Respekt vor der Vergangenheit nicht verließ, seine Gemeinde zählte gerade noch ein-, zweihundert Gläubige. Als Elias in Mardin aufwuchs, waren es über 10 000, doch für diese, die vom laizistischen Staat den lokalen religiösen Fanatikern ausgeliefert wurden, war dort, an einer der Wiegen des Christentums, nach fast zweitausend Jahren kein Bleiben mehr.

Sein Sohn, ein begabter Fußballer, war vor zwanzig Jahren bei einem Unfall mit dem Motorrad gar nicht weit von hier, auf dem Weg von Södertälje zu seiner Freundin in Salem, tödlich verunglückt, seine Frau vor drei Jahren gestorben. Er

rauchte mit leidenschaftsloser Ausdauer, bedächtig wie beständig, mir fiel auf, dass ihm der Daumen der rechten Hand
fehlte, die anderen Finger waren lang, schmal und schuppig
rot, als wären sie in einer scharfen Lauge gelegen. Wollte er
Mardin noch einmal sehen? Nein, die Stadt war verloren,
nicht nur für die Christen, sondern für alle ihre Bewohner,
auch für jene, die die Christen einst vertrieben hatten, die alte
Stadt verfiel, und würde sie, wie es die türkische Regierung
neuerdings anstrebte, von der Unesco zum Weltkulturerbe ernannt, es könnte doch nichts mehr ändern: Vielleicht werde
irgendwann ein Museum daraus, aber eine Stadt, in der man
leben wollte, nicht mehr. Da bleibe er lieber in Södertälje, in
Ronna drüben. Er zeigte auf eine Straße, die jenseits des Fuß-
ballplatzes vom Strängnäsvägen abzweigte und zu einer leicht
hügelan gelegenen Siedlung führte.

12

Von Ronna war mir schon erzählt worden, doch hatte ich den
Eindruck, dass viele lieber nicht über diesen Ortsteil von Södertälje mit mir sprachen, als wollten sie verhindern, dass ich
ein falsches Bild vom schwedischen Sozialstaat und den Assyrern erhielte. Denn Ronna, das musste das Labor sein, in dem
das Experiment missglückt war, ein Ghetto, in dem es ethnische Konflikte, Gewalt, Elend gab und auf dessen Grenzen
vorwiegend Migranten und jene Schweden verwiesen waren,
die es nicht geschafft hatten, sich im Wohlfahrtsstaat einzu-
richten. So drastisch wurde mir der Verfall geschildert, dass
man glauben hätte können, es wäre eine gefährliche Expedi-
tion, vom Strängnäsvägen abzuzweigen und die vierhundert
Meter in die Siedlung hinauf zu gehen.

Es war ein klarer, kalter Morgen, vom Fenster meiner Pension weit draußen am Östersjön, wo der Kanal schon wie der Meeresfjord anmutete, konnte ich die Reiher sehen, die über das kobaltblaue Wasser zogen, als ich mich auf den Weg nach Ronna machte. Die Siedlung war weiträumig angelegt, großzügiger sozialer Wohnbau mit nicht allzu hohen Häusern, auf den Grünflächen zwischen den Blöcken standen Parkbänke und Steintische, ich kam an Kinderspielplätzen, sogar an einem kleinen Wäldchen mitten im Ort vorbei und wunderte mich, wie beschaulich ich das Stadtviertel vorfand. Wie der Schauplatz eines periodisch aufflammenden Bürgerkriegs wirkte das alles nicht, im Gänsemarsch zog eine behütete Gruppe aus dem Kindergarten ins Grüne hinaus, auf den Straßen fuhr nur alle paar Minuten mit geringer Geschwindigkeit ein Auto vorbei. Nein, Ronna war kein Slum, es machte einen geradezu idyllischen Eindruck, friedlich und träge, wie es in der Vormittagssonne lag.

Und doch hatte es gerade hier vor drei Wochen einen Polizeieinsatz gegeben, von dem die schwedischen Medien noch immer berichteten. Die »Krawalltruppe«, eine Sondereinheit aus Stockholm, eingesetzt im Falle städtischer Randale, nach Fußballspielen, wenn die Fans der gegnerischen Mannschaften in die Innenstadt zogen, um dort vereinbarungsgemäß aufeinander einzuprügeln und einträchtig die Fensterscheiben von Geschäften und Lokalen einzuschlagen, war gerufen worden und hatte die Vorstadt im Sturmangriff genommen. Was geschehen war, darüber wurde in Schweden heftig debattiert, fast schien es mir, als würde nur in Ronna nicht über Ronna gestritten.

Zwei Burschen hatten jedenfalls ein Mädchen aus der Nachbarschaft als Hure beschimpft, seltsamerweise gerade deswegen, weil es nichts mit ihnen zu tun haben wollte, und das Mädchen hatte, beleidigt und belästigt, mit dem Handy seinen Vater verständigt, der herbeieilte und die zwei in die Flucht schlug, indem er mit einem Baseballschläger herumfuchtelte. Ein paar Minuten später waren die beiden mit ihren Brüdern und Freunden zurück, die Schmach zu tilgen, und binnen kurzer Zeit waren fünfzig Leute zusammengelaufen, von denen kaum einer wusste, worum es ging, was die Erregung steigerte, bis eine Riesenprügelei im Gang war. Es gab Blessierte, aber keine Verletzten, die ins Spital hätten gebracht werden müssen, doch als der Zorn schon niedergebrannt war, fuhr mit heulenden Sirenen und gepanzerten Wagen die Krawalltruppe ein. Die einen sagen, die Krawalltruppe habe schwerere Ausschreitungen verhindert, indem sie rund zwanzig Jugendliche in die Arrestwagen verfrachtete, die anderen hingegen meinen, sie habe sich ihren Namen verdienen wollen und aus einer Vorstadtrauferei, wie sie alle Tage irgendwo vorkommt, erst einen Aufstand gemacht.

Ein Journalist fand heraus, dass die Krawalltruppe, die in ihrer Marsuniform durch Ronna stampfte, gerade ein Wochenseminar hinter sich hatte, auf dem neue Strategien der Gewalteindämmung gelehrt worden waren, sodass es den Behörden vielleicht als günstig erschien, sie das theoretisch Gelernte praktisch erproben zu lassen. Die ganze Nacht patrouillierten Polizisten durch Ronna, die jetzt so friedliche Gartenstadt, und trotzdem gelang es ihnen nicht zu verhindern, dass sich ein paar Leute durch die Finsternis bis zur nächsten Polizeiwachstube durchschlugen und diese völlig zerstörten.

Ob der Vorfall überhaupt einen ethnischen Hintergrund hatte, war fraglich, denn was hat es schon zu bedeuten, dass die grobschlächtig um Anerkennung buhlenden Burschen, beide in Schweden geboren, von assyrischen Einwanderern abstammten, und das Mädchen einen aus Nordschweden zugewanderten Vater hatte, der schon seit Jahren arbeitslos war. Gleichwohl ethnisierte ein Teil der schwedischen Medien den Konflikt: Migranten gegen Schweden, Assyrer gegen Södertäljer, dieser unerklärte Bürgerkrieg, der schon lange im Lande schwele, sei in der Gewaltnacht von Ronna hochgelodert. Diese Berichte empörten die Assyrer, nicht so sehr deswegen, weil sie die ganze Sache lieber unter den Teppich gekehrt hätten, sondern weil sie als Ausländer, jedenfalls als die nichtschwedische Partei des Streites hingestellt wurden. Sie, die Assyrer, deren Fußballmannschaft vom schwedischen Fußballverband dafür gemaßregelt wurde, dass sie die schwedische Nationalhymne sang, hätten den Schweden von Ronna eine Straßenschlacht geliefert? Ja, wer waren dann sie selber, wenn ihre Gegner die Schweden waren?

Ich gelangte auf das Plateau der Siedlung, mit dem großen Parkplatz, der Bushaltestelle und einem voluminösen Gebäude: Dies war das »Ronna-Centrum«, das um einen viereckigen Innenhof im Erdgeschoß etliche Geschäfte, einen Friseursalon und eine Pizzeria aneinanderreihte und in dessen oberen Stockwerken die zahlreichen Wohnungen über zum Innenhof hin offene Gänge zu erreichen waren. Als das Ronna-Centrum als modernes Einkaufszentrum und Mietshaus mit günstigen, geförderten Wohnungen eröffnet worden war, hatte es die leere Mitte Ronnas ausgefüllt, es ersetzte den Einwohnern den fehlenden Markt- und Kirchplatz. Nun aber fiel mir die Schäbigkeit des Ortes auf: Einige Geschäfte hatten geschlossen, von anderen waren die Auslagen das letzte Mal vor Monaten geputzt worden, vor dem Eingang der Pizzeria lagen zerbrochene Flaschen, die Wohnanlage war schmutzig, vernachlässigt, heruntergekommen.

Vor dem Friseursalon, der geöffnet hatte und von allen Läden den besten Eindruck machte, saßen ein paar alte Leute auf einer Bank, und als ich meine dritte Runde zog, winkte mich einer von ihnen näher, es war Elias, der, von den Jahren in der Fabrik gewohnt, früh aufzustehen, so die Zeit mit gleichaltrigen Landsleuten verbrachte, bis wieder die Stunde kam, zum Trainingsplatz aufzubrechen und nachzusehen, wie es mit Assyriska stand. Ich saß unter den Alten, im Norden Europas bildeten sie hier eine Runde, wie ich sie sonst nur vom Süden kannte, diese Runden alter Männer, die am Ende ihrer Tage einen jeden gleich verbrachten, auf dem einzigen Platz ihres Dorfes saßen, sich von der Arbeit erzählten, die sie hinter sich hatten, und von den Kindern, die weggezogen waren, diese Männer, die in einem griechischen, mazedonischen oder kalabresischen Café stundenlang bei einem kleinen Espresso ausharrten und aus dem Schweigen, in dem sie einander verbunden waren, jäh in hitzige Debatten ausbrachen, den Streit dann aber mit den großartigen Gebärden von Schauspielern und wie Kinder mit körperlichen Berührungen wieder beendeten.

Elias sagte etwas, und seine Gefährten nickten, sodass er offenbar befugt war, mich darin einzuweihen, dass hier alles den Bach runter ging, seitdem der »Kapitalist« das Ronna-Centrum erstanden hatte. Als er das Wort Kapitalist sagte, schien es Elias zu schaudern, aber dass der Kapitalist einer von ihnen war, ein reicher Assyrer, das hielten sie für eine große Schande. Ronna war ja keine alte Stadt mit einem Platz, hübschem Denkmal, Brunnen vor dem Rathaus, auf dem man sich abends umhören konnte, ob jemand gestorben, ins Krankenhaus gebracht oder davongelaufen war. So etwas gab es in Ronna nicht, und darum hatte der Innenhof des Centrums diese fehlende Mitte ersetzt, nein, er war diese Mitte geworden, hier trafen sich die Alten, Jungen, die Frauen, die Männer, hierher ging man, wenn man niemand Bestimmten treffen wollte, aber doch bestimmt jemanden, mit dem man zusammenstehen und plaudern konnte, hier traf man sich nach der Arbeit, vor dem Essen, nach dem Essen, an arbeitsfreien Tagen, wenn es nichts zu tun, und an Festtagen, wenn es etwas zu feiern gab.

Damit war es jetzt vorbei, der Kapitalist hatte den Gebäudekomplex mitsamt den Wohnungen, Läden und Geschäften gekauft, um ihn verfallen zu lassen. Wenn alles kaputt war, würde er ihn abreißen und etwas anderes hinstellen. Was? Na, eine Shopping-Mall mit Diskotheken, Fitnesscenter, Vergnügungsangeboten natürlich, und teuren Wohnungen in den oberen Etagen. Also einen Ort, an dem sie nichts zu suchen haben würden. Die Alten waren sich einig, dass der Kapitalist alles nur tat, um sie aus dem Ronna-Centrum hinauszubekommen, ihre ganze Lebensweise störte ihn, dieses Beisammensitzen, Nichtstun und Nichtskaufen, das orientalische Schweden. Er will uns vertreiben, sagte Elias, in seinem Palast wird sich nur aufhalten dürfen, wer zahlt, er nimmt uns Ronna weg, wir werden uns nur mehr im Park treffen können oder ein jeder in seiner Wohnung für sich alleine sein. Ich sah seine großen Augen, die hinter der dicken Brille vor Wut zu flackern schienen, und dachte mir, nein, er nimmt euch nicht nur Ronna weg, er nimmt euch auch den Tur Abdin, er nimmt euch, was ihr nach Schweden mitgebracht und was ihr euch in Schweden bewahrt habt.

Wie zur filmischen Bestätigung ihres Verdachts kam mit den verlangsamten Bewegungen dessen, der auf Zeitlupe heruntergeschaltet ist, ein hünenhafter blonder Mann um die Ecke, das flächige Gesicht zu einer herrischen Grimasse verzogen, den an Apparaten und mit Präparaten verformten Oberkörper in ein kurzärmeliges Leibchen gezwängt, an der Leine einen dieser gedrungenen Kampfhunde, deren Augen immer blutunterlaufen sind. Ich starrte hingerissen, weil Klischees meist Abstraktionen sind und man selten ein leibhaftiges Klischee sieht, einen Menschen aus Fleisch, in diesem Falle aus sehr viel Fleisch, und Blut, der vollständig seinem Ab- und Vorbild in Filmen entspricht. Die Anstrengung, so unendlich langsam zu gehen, ungerührt den Hof zu durchmessen, ohne uns, für die das Schauspiel doch gegeben wurde, zu beachten, musste enorm sein. Man hätte zu dem Hünen treten und ihn unvermittelt kitzeln müssen, um den Bann zu brechen und dem Gelächter zu übergeben, was verlachenswert war, aber ach, ich hatte schon wegen harmloserer Köter als dem seinen die Straßenseite gewechselt. Eine Weile saß ich noch bei den Alten. Als ich merkte, dass mir der Gehstock fehlte, auf dessen Rundung ein jeder von ihnen seine Hände stützte, stand ich auf; sie nickten zum Abschied und hielten weiter Wache im Ronna-Centrum, das bald wieder die leere Mitte Ronnas sein würde.

13

Die beiden waren witzig, kein Zweifel, sie waren es jeder für sich und mehr noch zusammen, wie sie einander unentwegt ins Wort fielen, widersprachen und provozierten. Gabriel Afram sah aus wie vierzig und war sechzig, Augin Kurt sah aus wie vierzig und war es auch. Die beiden arbeiteten im riesigen Gebäude von »Sverige Radio«, dessen Eingangshalle von einer filigranen Eleganz war, die man in so einem Kasten nicht erwartete. Er stand in einem Stadtviertel, in dem fast kein Vorankommen war, denn unweit des Sendegebäudes begann das Botschaftsviertel von Stockholm, und nicht nur die amerikanische und die britische Botschaft waren festungsgleich

ausgebaut im Geviert von Straßen, von denen die meisten ab-
geriegelt und nur mit Ausweis zu passieren waren. Im ersten
Stock des Kastens mit seinen einschüchternd langen Gängen
konnte ich an den Türschildern lesen, dass im schwedischen
Radio die ganze Welt ihre Vertretung hatte. Nicht allein die
historischen Minderheiten – die Finnen, Roma, Juden und
Samen –, auch viele nationale Gruppen von Immigranten, ja
sogar solchen, die sich aus Flüchtlingen gebildet hatten, verfügten im Staatsfunk über eine eigene Redaktion und feste
Sendezeiten. Ich ging an der ukrainischen, usbekischen, chi-
lenischen, der polnischen, pakistanischen, iranischen und irakischen Redaktion vorbei, ehe ich das Zimmer B 82 erreichte,
auf dem »Radio Assyriska/Syrianska« stand. Fünfzehn Minuten täglich wurde von hier in assyrischer Sprache gesendet,
und über Satellit gelangten die Nachrichten hinaus in alle
Welt. Gabriel und Augin waren dafür verantwortlich, dass die
Viertelstunde den Zuhörern in Schweden etwas bot – und
auch den Tausenden, die auf die tägliche assyrische Nachricht
irgendwo sonst warteten. »Wir haben beispielsweise auch in
Indien sehr viele Hörer«, sagte Gabriel, und wie immer, wenn
er etwas gesagt hatte, setzte Augin korrigierend fort:

»Wir sind aber nicht der indische Sender von Sverige Radio, der ist fünfzig Meter im Gang weiter unten und sendet
ganz etwas anderes als wir.«

»Es ist dieselbe Welt, in der wir leben, aber was von dem
vielen, das auf ihr passiert, zur Nachricht wird, das hängt vom
Interesse dessen ab, der die Macht und das Medium hat.«

»Was hier zur Nachricht wird, ist also das, was Kollege
Afram interessiert.«

Es wunderte mich zu hören, dass es Assyrer in Indien gab.
Vielleicht sogar eine Million, sagte Gabriel; mindestens, fuhr
Augin fort, aber er lachte dabei, und in seinem Lachen brach

sich die ironische Selbstkritik Bahn, dass die Assyrer dazu neigten, ihre Bedeutung dadurch steigern zu wollen, dass sie die schiere Anzahl ihrer Landsleute in der Welt übertrieben. »Aber«, setzte Gabriel fort, »die Assyrer bilden in Indien nicht nur eine einzige große Gruppe, sondern auch viele Untergrüppchen. Und Sie würden sich vermutlich besonders für jene in Indien lebenden Assyrer interessieren, die erst in den letzten hundert Jahren aus Russland dorthin ausgewandert sind! Die haben ihre ganz eigene, eigenartige Kultur, synkretistisch aus Orientalischem, Russischem, Indischem gebildet.«

»Denken Sie nur, wenn in der Rateshow gefragt wird: Orientalische Russen in Indien? Dann wissen Sie als Einziger die Antwort: Assyrer.«

Auf dem Schreibtisch von Gabriel, dessen Familie zu den Ersten gehörte, die in den sechziger Jahren aus dem Libanon nach Schweden gekommen waren, lag ein Buch von nachgerade würfelhafter Form. »Das ist sein Leben«, sagte Augin, »24 Zentimeter lang, 30 Zentimeter breit, 14 Zentimeter hoch, fünf Kilo Papier.« Auf dem Buch stand »Svensk-assyrisk ordobok«; nach dreißigjähriger Arbeit hatte Gabriel Afram vor wenigen Wochen sein schwedisch-assyrisches Wörterbuch veröffentlicht, das Einzige, das es gab. Ich schaute mir den Lexikographen an, einen gewitzten Mann mit Brille, einer scharf gezogenen, zur Unterlippe hin sich überwölbenden Nase, hellem Haar, den Zügen des Intellektuellen und dem Schalk des Heranwachsenden. »Man muss aber wissen«, sagte Augin, »dass die assyrische Sprache eine sehr einfache und es darum kein großes Kunststück ist, ihr Wörterbuch und ihre Grammatik zu schreiben. Noch leichter ist höchstens Neugriechisch.« Ich hielt das für einen der Witze, mit denen sie sich unablässig neckten, doch Gabriel mochte der Einschätzung seines Freundes durchaus zustimmen und setzte fort, dass der Erfinder der assyrischen Sprache ein Mathematiker gewesen sein müsse, so logisch, in sich schlüssig und klar strukturiert sei das Assyrische, das eben darum auch leicht zu erlernen sei.

Vor ein paar Jahren hatte Gabriel ein Büchlein mit erotischen Gedichten veröffentlicht. Das war ein großer Spaß gewesen, sagte er – »vor allem für uns«, warf Augin ein –, aber gar nicht so leicht, denn die assyrische Schriftliteratur war über die Jahrhunderte liturgisch und theologisch bestimmt gewesen. Natürlich hätten die Leute im Alltag nicht gesprochen wie in der Kirche, sondern über einen alltagstauglichen Wortschatz verfügt, zu dem auch Worte für sexuelle Dinge gehörten, aber das war eben eine gesprochene, nicht die geschriebene Sprache. Das Innovative an Gabriels Dichtkunst bestand also schon darin, Wörtern, die in verschiedenen Dialekten seit Jahrhunderten, nein Jahrtausenden gesprochen wurden, erstmals eine schriftliche Form gegeben zu haben. »Das war das Schönste«, sagte er, »die eigene Sprache geschrieben zu sehen! Worte zu sehen, die man bisher nur gehört hatte!«

Sogar die kirchlichen Würdenträger waren entzückt, erinnerte sich Augin, und der Verfasser der freizügigen Gedichte wurde von ihnen nicht getadelt; insgeheim meldete sich bei ihm mancher syrisch-orthodoxe Bischof, nicht um ihm mit Fegefeuer oder Ausschluss aus der Gemeinschaft zu drohen, sondern um ihm zu danken und um ein paar Exemplare zu bitten und so dem Diözesansekretär die Peinlichkeit zu ersparen, in einer Buchhandlung nachfragen zu müssen. »Sie müssen das verstehen«, sagte mir der Dichter und Lexikograph, »unser jubelndes Hochgefühl, Worte, die man kennt, zum ersten Mal in der Schriftsprache zu erleben!«

14

Ich hatte das Seehistorische Museum besucht und war vor
den kunstvollen Modellen der Handels-, Kriegs- und Passa-
gierschiffe griesgrämig geworden, längst vergangene Schul-
stunden stiegen in mir auf, in denen ich zur verhassten Bastel-
arbeit angehalten wurde, für die mir die Geduld und die
geschickten Finger fehlten. Unweit des Museums fand ich
ein türkisches Lokal, das einer möblierten Wohnküche glich.
Die ganze assyrische Reise lang war mir vom Nationalismus
der türkischen Regierungen, nein, der Türken selbst so viel
geklagt worden, dass ich jetzt fast eine boshafte Genugtuung
empfand, unerlaubterweise in dieser küchendunstigen Stube
einzukehren. Der Betreiber war ein schwarzhaariger, schmaler Mann mit tief in den Höhlen sitzenden Augen und einem
schmerzlichen Ausdruck im fahlen, bartlosen Gesicht. In
seine Espressotasse goss er häufig Raki nach, und als er merkte, dass es mir nicht entgangen war, lächelte er mit verlegenem
Trotz. An der Wand hing das bekannte Porträt, das Kemal
Atatürk in den besten Jahren zeigte, er hätte, übellaunig wie
er aus dem gestärkten Hemdkragen herausschaute, auch als
gestrenger Oberamtsrat durchgehen können, aber er machte
sich damals, Ende der zwanziger Jahre, als das Bild aufgenommen wurde, gerade daran, aus der Türkei einen modernen
Nationalstaat nach westeuropäischem Muster zu formen,
und bei dieser Arbeit fühlte er sich von den vielen religiösen
und nationalen Minderheiten belästigt, gegen die er gar keine
religiösen oder nationalen Vorbehalte hatte außer diesem einen, dass sie ihn eben dabei störten, aus der anatolischen
Masse ein einheitliches Staatsvolk zu kneten.

Neben seinem Bildnis hing ein zweites, nachkoloriertes
Porträt, das nicht den Vater aller Türken, sondern offenbar

den Vater dieses einen zeigte, der, schmal und bartlos auch er, irgendwo in steiniger Landschaft unter einem aquarellblauen Himmel stand und leidend in eine namenlose Ferne schaute. Dem Wirt, der eine frappante Ähnlichkeit mit ihm hatte, fiel auf, dass ich auf die Wand über dem Herd starrte, er sah nun selber hinauf, wie um sicherzugehen, dass es dort nichts Neues zu sehen gab. Dann nickte er, hob die Tasse mit einer angedeuteten Verbeugung in meine Richtung und sagte, indem er auf das linke Bild deutete: Atatürk; indem er auf das rechte zeigte, jedoch nicht etwa Tata, sondern: Dageçit. Von einer Stadt war auf dem Foto zwar nichts zu entdecken, doch ich zweifelte nicht, dass die Steinhaufen, vor denen der Vater des Wirts Aufstellung genommen hatte, zu Dageçit gehörten, das von den Assyrern Kerburan genannt wurde. Nicht wenige von ihnen, die ich in Örebro, Norrköping, Södertälje getroffen hatte, stammten aus Kerburan; aber nicht nur sie waren gezwungen gewesen, ihre Heimatstadt zu verlassen, auch dieser Mann musste aus Dageçit bis nach Stockholm ziehen, um mit schmerzlicher Miene den türkischen Wirt geben zu können.

Was hatte ich von den Assyrern erfahren, seitdem ich durch Schweden reiste und jeder assyrischen Spur, auf die ich gesetzt wurde, eifrig nachging? In der herzlichen Offenheit, mit der ich überall empfangen wurde, glaubte ich, je länger ich mich bei Kulturorganisationen, Radio- und Fernsehstationen, bei den Heimatvereinen und politischen Vereinigungen umhörte, ein nie erlöschendes Misstrauen, die Bereitschaft zu einem schlimmen Verdacht zu erkennen. Er galt nicht mir, dem Fremden, nicht Schweden, dem Land, dem auch die radikalen Verfechter der assyrischen Sache mit großer Sympathie zugetan schienen, er galt vielmehr den Assyrern selbst. Gabriel und Augin, zwei Intellektuelle voll souveräner Ironie gegen sich selbst, hatten es nicht ausdrücklich so gesagt, aber mir kaum einen Zweifel daran gelassen, dass sie Suroyo TV für eine Unternehmung hielten, die von der PKK, von der Kommunistischen Partei Kurdistans, finanziert werde. Die Leute von Suroyo TV wiederum, ohne mich näherer Aufklärung für würdig zu halten, ließen durchblicken, dass sie Radio Assyriska/Syrianska in Stockholm und die Assyrische Federation mit all ihren Sektionen im ganzen Land für so biedermännisch hielten, dass dort schon fast Verräter am Werk sein mussten.

»Das Sektierertum ist eine politische Krankheit bei allen unterdrückten Nationen und Befreiungsbewegungen«, hatte Fuat geklagt, »jeder glaubt, der andere sei nicht nur im Irrtum, sondern gekauft, kein politischer Gegner, sondern ein gefährlicher Feind. Diese Engstirnigkeit ist unsere Schwäche, aber du musst auch berücksichtigen, dass manche Vereine und Organisationen tatsächlich unterwandert werden.« Es war ein offenes Geheimnis, dass es dem irakischen Geheimdienst Ende der neunziger Jahre gelungen war, Informanten in den Assyriska Fotbollföreningen einzuschleusen, und dass der türkische Geheimdienst nie aufhörte, die assyrischen Vereinigungen auszuspionieren. Eines der wichtigsten Ziele aller Organisationen der Assyrer, Suryoye oder Mesopotamier war es ja, der Europäischen Union, dem Europarat, der Weltöffentlichkeit Zeugnis vom Seyfo zu geben, vom Völkermord, den die Jungtürken 1915 an den Assyrern begangen hatten. Dies aber war ein Angriff auf die türkische Staatsdoktrin, derzufolge der Völkermord an den Armeniern ein regulärer Krieg und der an den Assyrern – an dem doch kein heute lebender Türke irgend Schuld tragen konnte! – überhaupt eine Erfindung war, dazu angetan, die Ehre des Vaterlands zu beschmutzen.

In Ronna

Es war daher ein bedeutender Tag für die Assyrer, als in Sarcelles, einer Industriestadt nördlich von Paris, gegen türkische Warnungen und Drohungen ein Denkmal errichtet wurde, das an den Seyfo gemahnt, das erste in der ganzen Welt. Sarcelles hat vieles mit Södertälje gemeinsam, auch diese Stadt ist als industrielles Zentrum unweit der Landeshauptstadt angelegt worden, und sie hat zudem etwa gleich viel Einwohner und eine ähnliche Bevölkerungsstruktur wie Södertälje; auch Sarcelles ist erst durch Zuwanderer groß geworden, durch die Nordafrikaner und Kariben, die sephardischen Juden, die hier eine ihrer größten französischen Gemeinden bilden, und die Assyrer aus dem Libanon, aus Syrien und der Türkei.

Ich hatte auf meiner Reise Assyrer getroffen, die auf den Beitritt der Türkei zur Europäischen Union setzten, und andere, die das für eine Gefahr hielten. Ich traf welche, die perfekt Türkisch sprachen und türkische Freunde hatten, und andere, die perfekt Türkisch sprachen, aber niemals von sich aus mit Türken persönlichen Umgang gepflegt hätten. Ich lernte Assyrer kennen, die die Kommunistische Partei Kurdistans mehr verachteten als selbst das türkische Militär, und ich hatte junge assyrische Intellektuelle kennen gelernt, die mich in die Lehre vom Hauptwiderspruch und von den Nebenwidersprüchen unterwiesen und davon ausgingen, dass Kurden und Assyrer zuerst gemeinsam die Institutionen des türkischen Nationalismus bekämpfen müssten und es später gegen den Nationalimus der unterdrückten Kurden selber gehen werde. Ich sprach mit Resignierten, die den nahen Untergang der assyrischen Kultur prognostizierten, und Begeisterten, die die Zukunft schon für gesichert hielten, weil es neuerdings möglich war, auf Assyrisch im Programm von Microsoft Word zu schreiben. Ich bekam es mit Leuten zu tun, die Besinnung auf die alten Sitten predigten, und solchen, denen die schwedische Gesellschaft zu spießig und intolerant war. Ich lernte fromme Christen kennen, die fromme Muslime mehr achteten als laue Christen, und fromme Christen, die im Islam die größte Gefahr für die Weltzivilisation erblickten.

15

Ich hatte noch einen Termin, einen wichtigen: Auf dem Weg von Stockholm an der Ost- zurück nach Göteborg an der Westküste wollte ich in Linköping Halt machen, um Vivianne, die Schwester von Fuat, die Tochter von Murad Deniz, zu treffen. Linköping ist eine der ältesten Städte Schwedens und kann sich der höchsten Dichte an McDonald's-Filialen in ganz Skandinavien rühmen. Ich fand am Wochenende kaum ein Café, Pub, Restaurant gleich welchen Anspruchs geöffnet, aber bereits auf meinem ersten Rundgang sechs gut besuchte Niederlassungen der Fast-Food-Kette. Eine halbe Stunde, nachdem ich sie am Telefon endlich erreicht hatte, trat am zugig kalten Stora Torget eine junge Frau zu mir, ihr Gang war federnd, die Locken des kräftigen schwarzen Haares fielen offen über Schultern und Rücken, im wachen Gesicht funkelten neugierige Augen. Wir nahmen im Santini Platz, einem italienischen Café, dem einzigen, das am alten Hauptplatz hinter dem Dom geöffnet hatte.

Viviannes Eltern waren zehn Monate, bevor sie geboren wurde, nach Schweden gekommen, das war vor 28 Jahren. In Nörrköping hatte sie, wie sie wehmütig und staunend zugleich sagte, ihre ganze Jugend im assyrischen Jugendverband verbracht. Ihr Freundeskreis in Linköping bestand vorwiegend aus ausländischen Studentinnen und Studenten der renommierten Universität, an der sie selber Physik und Mathematik studierte, aus Chilenen, Argentinierinnen, Ungarn, Portugiesen, auch eine Österreicherin war darunter. Von den Assyrern jedoch, wiewohl es in Linköping rund 2000 gab, hielt sie sich fern, sie erlebte es als tägliche Freiheit, ihre Existenz nicht mehr in den Bahnen assyrischer Vereine führen zu müssen. Die Geborgenheit, die sie dort erfahren hatte, gehe ihr heute manchmal ab; nur seien die assyrischen Heimatverbände keine simplen Freizeitclubs: »Entweder man ist zu hundert Prozent dabei oder völlig draußen; eingeschlossen oder ausgesperrt. Irgendwann wird man es überdrüssig. Dann fragt man sich, ob es wirklich das Wichtigste im Leben ist, einer bestimmten Nationalität oder Religionsgemeinschaft anzugehören und bei allem, was man tut, zu bedenken, ob es der großen Sache diene.«

Vivianne konnte man so leicht nichts vormachen, die schwer erkämpfte Selbständigkeit, mit der sie ihren Eltern manche Sorgen bereitet, manches Ungemach zugefügt hatte, schien ihr ein hohes, vielleicht das höchste Gut zu sein. Sie war sich völlig im Klaren, dass ihr Schweden Möglichkeiten bot, die sie in Anatolien nie und nimmer gehabt hätte, ja, dass die Auswanderung, zu der die Eltern genötigt worden waren, die Voraussetzung ihrer eigenen Freiheit war. Das war schwer zu akzeptieren, dass das Unrecht, das den Eltern widerfuhr und an dem diese heute noch litten, das Leben der Kinder ins Offene wendete. »Mein Großvater hätte niemals geduldet, dass seine Enkelin alleine oder gar mit einem fremden Mann in einem Kaffeehaus sitzt.« Die Frau, die sich im Dorf der Eltern nicht hätte treffen dürfen, mit wem sie wollte, verdiente sich seit zwei Jahren ihr Studium als Tango-Lehrerin. »Nein«, sagte sie, »das ist kein Beruf, der sich für eine anständige

Christentochter aus dem Tur Abdin ziemt.« So scharf sie die Differenz akzentuierte, die sie von den Traditionalisten trennte, deren Sehnsucht nach der verlorenen Heimat sie keine Macht über ihr eigenes Leben einräumen wollte, so standhaft beharrte sie darauf, eine Assyrerin zu sein, eine assyrische Schwedin. Warum?

»Weil meine Eltern es zu Hause nicht sein durften.«

»Ist das ein ausreichender Grund?«

»Es war purer Zufall, dass meine Eltern in Schweden landeten. Es hätte auch Deutschland, Holland oder Kanada sein können. Dann wäre ich jetzt Deutsche, Holländerin oder Kanadierin.«

»Nun eben.«

»Nein, nicht nun eben: Dass meine Eltern Assyrer sind, ist das einzige Nichtzufällige meiner Existenz. Deswegen ist es meine Pflicht, meine Herkunft nicht zu verleugnen.«

Vivianne verleugnete ihre Herkunft keineswegs, sie versuchte ihr vielmehr auf den Grund zu gehen, und sie tat es nicht bloß pflichtgemäß, sondern mit Leidenschaft. Ihr Wissen, die türkische, libanesische, assyrische Kulturgeschichte betreffend, war profund, und einmal sagte sie, impulsiv, wie es manchmal aus ihr hervorbrach: »Meine Kinder werde ich Assyrisch lehren, wo ich auch lebe.«

Die Kinder, die sie noch nicht hatte, würden Assyrisch sprechen, aber der Mann, der der Vater ihrer Kinder sein würde und den sie noch nicht kannte, sollte jedenfalls kein Assyrer sein, so viel war sicher.

»Warum nicht?«

»Wegen ... Du weißt schon: Macho. Lauter Muttersöhnchen und kleine Despoten.«

Wir verließen das Santini, das am späten Nachmittag schloss. Am Stara Torget waren nur wenige Leute unterwegs,

Nebel war aufgezogen und verhüllte den hohen Turm des alten Doms. »Die Schweden halten sich nicht so gerne im Freien auf«, sagte Vivianne, als wollte sie das mürrisch Abweisende von Linköping entschuldigen, »das heißt zum Picknick oder Wandern im Grünen schon, aber nicht zum Flanieren in ihren Städten. Und die Zuwanderer tun es ihnen nach ein paar Jahren alle gleich, kaum sind sie in Schweden, werden auch sie zu Stubenhockern.«

Vivianne, die mich die Klostergatan zu meinem Hotel begleitete, beherrschte sechs Sprachen: Türkisch, Kurdisch, Assyrisch. Und Schwedisch, Englisch, Französisch. Sie überlegte, wegen ihrer Freunde aus Lateinamerika als nächstes Spanisch anzugehen. In Örebro hatte mir ihr Bruder Fuat, den sie so verehrte und der auf sie so stolz war, von ihrem Assyrisch vorgeschwärmt. Niemand verfüge in Wort und Schrift über ein schöneres, nuancenreicheres Assyrisch als seine kleine, eigensinnige Schwester. »Ja«, sagte Vivianne, »ich kann Assyrisch schreiben. Aber eigentlich habe ich keinen, dem ich Assyrisch schreiben könnte.«

*

Zwei Jahre später, einige Monate, nachdem ich den Bericht meiner assyrischen Reise durch Schweden, der hier zu lesen steht, fertig gestellt hatte, erhielt ich von Vivianne Deniz einen Brief. Sie teilte mir darin mit, dass ihr Bruder Fuat am 12. Dezember 2007 in Örebro einem Mordanschlag zum Opfer gefallen war. Ein Unbekannter hatte sich im Gang des Soziologischen Instituts, an dem er als Dozent tätig war, an ihn herangeschlichen und ihn hinterrücks mit einem einzigen Messerstich in den Nacken gefällt, ehe er unerkannt verschwand. Viele in der assyrischen Gemeinde vermuteten, hinter der professionell ausgeführten Tat stehe der türkische Geheimdienst. Einige Wochen später erwies sich jedoch, dass Fuat verspätet einer Fehde zum Opfer gefallen war, die weit in die Familiengeschichte zurückreichte.

Die fröhlichen Untergeher
von Roana –
Unterwegs im Zimbernland

OHNE SICH VORGESTELLT zu haben, nahm er an unserem Tisch Platz, setzte sich in Positur und begann zu singen, mit einer Stimme, die vom Alter brüchig geworden war, aber nicht rau, sondern hell und weich zugleich klang. Er musste über achtzig sein, hatte dünnes weißes Haar, ein wettergegerbtes rotes Gesicht und kaum einen Zahn im Mund. Es war ein ausgelassenes Kinderlied, das der Greis anstimmte, und als er zum Refrain kam, trat der nur wenig jüngere Wirt zu uns und stimmte in ihn ein. Sollten wir nach Roana kommen, ins alte zimbrische Robaan, müssten wir in den Albergo All' Amicizia gehen und nach dem Wirt Igino Rebeschini vulgo Fikhinnar fragen, hatte uns ein wunderlicher Fachmann der Zimbrologie in Salzburg geraten. Als wir an einem schönen Märztag in Roana eintrafen, auf engen, in den Fels geschnittenen Straßen, die von Trento aus die Berge steil hinauf und hinunter führten, fanden wir gleich den Albergo und im milden Sonnenschein einen alten Mann, der alleine mit seiner Langeweile vor dem Gasthaus saß, als hätte er nur auf uns gewartet. Ja, das musste Fikhinnar sein, von dem wir gehört hatten, dass er und sein alter Freund Mario Martello das beste Zimbrisch der sieben Gemeinden sprachen.

Die sieben Gemeinden liegen in der Provinz Vicenza auf der Hochebene von Asiago. Als wir die Landkarte zu Rate zogen, glaubten wir, sie von der Autobahnabfahrt Trento rasch erreichen zu können. Aber dann zog die Fahrt sich über Kehren und durch Engen dahin, vorbei an zerstörten Befestigungsanlagen des Ersten Weltkriegs, an gewaltigen Forts, von denen nur die Grundmauern noch standen, an Soldatenfriedhöfen, in denen Tausende weiß lackierte Holzkreuze leuchteten; so dauerte die Fahrt, die über kühne Pässe führte, über Brücken, unter denen wilde Achen tosten, durch einspurige, unbeleuchtete Tunnels ... und langsam begannen wir zu ahnen, wie sich dort oben über die Jahrhunderte ein Volk behaupten konnte, das es eigentlich gar nicht mehr geben durfte, so oft wurde es schon totgesagt und ins imaginäre Museum der verschwundenen Völker verwiesen.

Zäh hatten die Zimbern an ihrer Sprache festgehalten, die der reisende Gelehrte Johann Andreas Schmeller, der sich 1833 von München aus zum ersten Mal zu ihnen aufgemacht hatte, als bayerisch-tirolischen Dialekt identifizierte und der heute von Sprachforschern in aller Welt geliebt wird, weil er ein Archiv des Deutschen ist, die älteste deutsche Sprachform, die noch gesprochen wird. Seit dem elften Jahrhundert waren Siedler, deren erste Mannschaften aus der Gegend von Benediktbeuren stammten, in ein Gebiet eingewandert, das fast menschenleer war und in dessen Einöde sie ihre Dörfer und Weiler setzten. Wer einmal hören will, wie es sich zu Zeiten angehört hat, als Althochdeutsch noch nicht für ein paar Unverdrossene in Universitätsseminaren gelehrt, sondern in unzähligen regionalen Varianten von Millionen gesprochen wurde, der muss zu den Zimbern fahren. Freilich, auch dort sind es nicht mehr viele Leute, die das Zimbrische noch alltäglich gebrauchen: In Roana, erklärte uns Fikhinnar, der heitere Wirt, ein schmaler Mann mit feingliedrigen Händen und einem gelassenen Lächeln, sind wir vielleicht zehn oder zwanzig, und Roana ist der letzte Ort der sieben Gemeinden, in dem das Zimbrische noch nicht ausgestorben ist.

In den dreizehn Gemeinden von Verona, die so nah schienen, zu denen wir ein paar Tage später aber Stunden einer schwindelerregenden Fahrt benötigten, war es einzig Ljetzan, das heutige Giazza, ein pittoresker Ort am nördlichen Talschluss des Val d'Illasi, in dem wir die alte, von ferne her vertraut klingende Sprache noch auf der Straße zu hören bekamen. Und die Umgangssprache eines ganzen Ortes war Zimbrisch ohnehin nur mehr in Luserna, der am spätesten gegründeten zimbrischen Gemeinde, die sich historisch unter anderen Bedingungen entwickelte und heute nicht zum Veneto mit seinen Provinzen Vicenza und Verona gehört, sondern zur Region Trentino-Alto Adige. In dem nicht eben anmutigen Luserna, das nach dem Ersten Weltkrieg mit seinem jahrelangen Stellungskrieg der italienischen und österreichischen Truppen, deren Frontlinie exakt hier verlief, ein einziger Schutthaufen war, hörten wir sie jedoch überall: auf der Straße, auf der uns die Leute mit »As bi biar« – So wie wir! – begrüßten, in der Bar, in der die Straßenarbeiter bei einem Glas kaltem Rotwein debattierten, selbst im Streit der Kinder, die mit ihren Fahrrädern Kreise zogen und sich voneinander mit »Bar ségan-sich!«, Wir sehen uns!, verabschiedeten.

Luserna ist eine von den Behörden mittlerweile reich mit finanziellen Mitteln ausgestattete allerletzte Fluchtburg der zimbrischen Sprache. Wiewohl es zur selben Region wie Südtirol gehört, haben meine Südtiroler Freunde, als ich bei ihnen erste Erkundigungen einholen wollte, weniger von den Zimbern gewusst als ich, der ich damals nicht viel mehr als ein paar Gerüchte und Legenden kannte. Dafür gibt es zahllose Zimbernforscher in aller Welt, längst viel mehr als Zimbern selbst. Als ich mich für die Zimbern zu interessieren begann, stieß ich auf Vereine in Deutschland und Österreich, Australien und den USA, und in dieser zerstrittenen Internationale der Zimbrologen wurden heftige Fehden über linguistische, historische, volkskundliche Fragen ausgefochten.

In den miteinander auf dem neuesten Stand der Kommunikationstechnologie vernetzten Vereinen debattierten sympathische Käuze, fanatische Eiferer, pedantische Tüftler über Fragen wie die, ob das maßgebliche Hochzimbrisch eigentlich in den sieben oder in den dreizehn Gemeinden gesprochen wurde und ob man die Sprache von Luserna womöglich als dekadente Verfallsform des klassischen Zimbrisch gar nicht ernst zu nehmen brauche.

Ich war zu den Aromunen ins mazedonische Gebirge gefahren, zu den Arbëreshë nach Kalabrien, zu den sprachlos gewordenen Deutschen im Hinterland von Odessa, zu den Sepharden von Sarajevo, die, ähnlich wie es die Zimbern mit dem Deutschen hielten, eine uralte, sonst nirgendwo mehr gesprochene Form des Spanischen sprachen; jetzt war ich nach Roana und auf die Zimbern gekommen und wusste immer noch nicht, woher meine Sympathie für sie alle stammte, die sie unbelohnt an ihrer randständigen Kultur festhielten, und warum es mich über Leute zu schreiben drängte, die sich in abstruse Lebensprojekte verrannt hatten. In den Zimbernforschern und den Zimbern hatte ich sie jedenfalls beisammen: die Käuze, die ihrer intellektuellen Leidenschaft anhingen, unbeeindruckt davon, dass man diese leicht als Marotte abtun konnte – und die allerletzten Verfechter einer Sprache, einer Kultur, von der sie selber wussten, dass ihr keine Renaissance mehr blühen werde, und die dennoch nicht bereit waren aufzugeben, was doch ersichtlich dem Niedergang bestimmt war.

2

Igino Rebeschini und Mario Martello sangen vier, fünf Lieder, zweistimmig mit ihren eigentümlich weichen Altmännerstimmen, dann blickten sie uns erwartungsvoll an. Ja, die Lieder hatten uns gefallen, nein, viel vom Text hatten wir nicht verstanden. Das schien sie zu freuen, denn so sehr sie die Welt wissen lassen mochten, was es mit dem Zimberntum auf sich hatte, so sehr schätzten sie es, dass es sich dabei um etwas handelte, das man sich nicht so leicht zu eigen machen konnte, weil es eben etwas Einzigartiges war, das es auf der großen Welt nur einmal gab, hier, bei ihnen.

Mario Martello war ein Neffe des legendären Umberto Martello Martalar, der sich als mediokrer Postbeamter in Mezzaselva, einem Ortsteil von Roana, im Alter darangemacht hatte, ganz aus Eigenem, ohne wissenschaftliche Voraussetzung und Übung, ein Wörterbuch der zimbrischen Sprache zusammenzustellen. Er hatte über viele Jahre jedes Wort aufgeschrieben, das ihm die Leute auf den entlegenen Bauernhöfen sagten, die Köhler im Wald, die Handwerker, die er in den sieben Gemeinden besuchte. Als er den Tod nahen fühlte, veröffentlichte er den »Dizionario della lingua Cimbra dei Sette Comuni vicentini«. Unter den Zimbernforschern von München, Toronto und Adelaide blieb durchaus umstritten, ob sein Wörterbuch für das Zimbrische insgesamt, nur für das zerfallene Sprachgebiet der sieben Gemeinden oder gar allein für die Mundart von Roana – nicht zu sagen von Mezzaselva – tauge. Seit das Buch veröffentlicht wurde, sind im Inneren Afrikas und auf dem pazifischen Inselarchipel ein paar Tausend Sprachen ausgestorben, hat sich die Welt im Großen und Kleinen, zum Besseren und Schrecklichen verändert – der hinreißend nutzlose Streit über das

Wörterbuch des Postbeamten aber wogt immer noch mit guten Argumenten, bissigen Einwürfen und groben Beleidigungen über den Atlantik und wieder zurück.

Seitdem der gelehrte Peter Modestus dalla Costa 1763 in Padua sein lateinisch-zimbrisches Wörterbuch drucken ließ, sind etliche Lexika und Grammatiken, Sammlungen von Sprüchen und Redewendungen des Zimbrischen entstanden, und oft waren es Autodidakten wie Umberto Martello Martalar, die sie verfassten, am Ende eines Lebens, über dem der Glanz entsagungsvoller Hingabe lag und dessen schönste Stunden sie ihrer nur durch sich selbst belohnten Sammlerarbeit gewidmet hatten. Als ich durch das Zimbernland fuhr, wunderte ich mich immer wieder aufs Neue, wie lange es brauchte, einen Ort, der fast in Rufweite lag, zu erreichen; aber tief schnitten die Täler ins Land, und während die neuen Straßen große Umwege zogen, waren die alten Saumpfade, die die Orte in früheren Jahrhunderten verbanden, längst überwachsen. Einprägsam stand mir so vor Augen, welche Mühe es den beiden Österreichern Primus Lessiak und Anton Pfalz bereitet haben musste, 1912 mit schwerem Gepäck auf die Hochebene von Asiago heraufzuziehen, sensationell neuartige Apparaturen mit sich schleppend, um in den sieben Gemeinden Aufnahmen zu machen, die die zimbrische Sprache in Phonogrammen für die Nachwelt retten sollten. Dann kam der Krieg, in dem Österreich eine verheerende Strafaktion gegen die Gemeinden auf der Hochebene richtete, deren Sprache zuvor zwei Angehörige des k. u. k. Militärs, keine Mühe scheuend, mit den technisch neuesten Mitteln aufgezeichnet hatten. Ihre Aufnahmen sind ein Schatz, der von dem an Schätzen reichen, den Österreichern nahezu unbekannten Phonogramm-Archiv in Wien gehütet wird.

Die Habsburger haben den Zimbern kaum je etwas Gutes angedeihen lassen. Schon Kaiser Maximilian ließ 1508 die sieben Gemeinden besetzen und restlos ausplündern. Denn die sieben Gemeinden von Vicenza wie auch die dreizehn von Verona hatten sich im Laufe der Jahrhunderte Venedig angeschlossen, das ihnen eine weitreichende Autonomie zugestand, die endgültig erst Napoleon auf seinen Kriegszügen im Namen des Fortschritts zerstörte.

Die Geschichte der Zimbern war der grandiose Versuch, eine politische Autonomie in Würde, und das heißt, nicht im feigen oder hochmütigen Rückzug von der Welt, sondern gerade im Austausch mit ihr, mit Handelspartnern aus allen Richtungen, mit Menschen vieler Sprachen und unterschiedlicher Staatsangehörigkeit zu gewinnen und zu behaupten. Nicht Figuren eines Spiels, das die Mächtigen andernorts planten, wollten sie sein, sondern nach ihrem eigenen Maß leben, das zwar auf eine welthistorische Provinz bezogen, aber dennoch nicht provinziell verstiegen war. Darum kämpfte eine eigene »Legione Cimbrica« in der Revolution von 1848 gegen die Herrschaft der Habsburger, die jene kurze, doch folgenreiche der Franzosen abgelöst hatte und sich seit dem Wiener Kongress über das venezianische Staatsgebiet erstreckte. Der Pfarrer von Asiago, der die Revolution von der Kanzel predigte, wurde dafür zum Tode verurteilt, und nur weil Papst Pius IX. fromme Fürsprache für ihn einlegte, wurde das Urteil nicht vollstreckt, sondern der widersetzliche Pfarrer in die Verbannung geschickt.

Doch keine Repression konnte verhindern, dass zimbrische Kämpfer zwölf Jahre später neuerlich aus ihren hoch gelegenen Dörfern aufbrachen, dieses Mal, um sich dem Zug Garibaldis zuzugesellen, der zur Bildung eines italienischen Nationalstaates führte. Garibaldi hat so, wie er die Beteiligung der »heroi albanesi« an seinem Revolutionszug würdigte, der heldenmütigen Albaner, die seit dem 16. Jahrhundert in Kalabrien und auf Sizilien siedelten, in einem eigenen Manifest »Contributo dei Sette Comuni all' Indipendenza Italiana« ausdrücklich auch die Zimbern als verlässliche Kampfgefährten und namentlich den Offizier Matthäus Rigoni Graber gerühmt. Genutzt hat den Zimbern ihr italienischer Patriotismus und Garibaldis Wertschätzung nicht. Die alte Souveränität einer Bauernrepublik, die ihnen Venedig seit 1410 zuverlässig garantierte, ist im 19. Jahrhundert nacheinander von den Franzosen, Österreichern und Italienern für nichtig erklärt worden. Zu Zeiten Mussolinis wurde ihnen dann sogar der öffentliche Gebrauch ihrer Muttersprache untersagt. Im Notizblock, den ich bei mir hatte, war der Spruch eingetragen: »As-ar séghet de zimbarn khèmmanten aber von sain pèrghen, dénne spoobelt-en inn in mostàtz.« Wenn ihr die Zimbern von ihren Bergen herunterkommen seht, dann spuckt ihnen ins Gesicht!

3

Den Satz hatte mir Remigius Geiser in Salzburg mitgeteilt. Einige Jahre lang hatte ich im Internet einen Sprachkurs belegt, der einer unbekannten, weit verstreuten Schülerschar jeden Tag ein paar neue Wendungen des Zimbrischen erklärte. Dann kam ich durch einen Zufall darauf, dass der Mann, der den Unterricht kurzweilig gestaltete, indem er Passagen aus katholischen Romanen, die allerneuesten Meldungen der Weltpresse und Zitate aus den Schriften Maos und Enver Hoxhas ins Zimbrische übersetzte, um so die Eigenheiten dieser Sprache und seiner Persönlichkeit deutlich zu machen, keine drei Kilometer von mir entfernt in Salzburg lebte. Als ich ihn besuchte, stellte er sich als Kakteenzüchter und erzieherisch kompromissloser Vater heraus, der mit seinen beiden halbwüchsigen Kindern nur Lateinisch sprach. Warum? »Weil ich jemanden brauche, mit dem ich mich auf Latein unterhalten kann, natürlich«, war die Antwort des Mannes, der für alle modernen Dinge wie den Kühlschrank ein eigenes lateinisches Wort erfand. Geisers wahre Leidenschaft galt aber nicht der lateinischen, sondern der zimbrischen Sprache, nicht einer allenthalben ausgestorbenen Sprache, mit der nur mehr ein paar Theologen in den Verliesen des Vatikan und er selber in seiner Küche hantierten, wie er selbstironisch sagte, sondern einer lebenden, die noch auf der Straße gesprochen wurde. Wohin immer ich im Gebiet der sieben und der dreizehn Gemeinden kam, sein Name öffnete mir die Türen pensionierter Lehrer, alter Volksliedsängerinnen, melancholischer Dichter.

Ja, ihr italienischer Patriotismus hat den Zimbern nichts genutzt, die Faschisten nahmen ihre Kultur und Sprache trotzdem als Beweis, dass die unfügsamen Zimbern völkisch renitent und politisch unzuverlässig seien. Dabei hatten sie schon vor Jahrhunderten aufgehört, sich als Deutsche oder Germanen zu fühlen. Dass sie von jenen aus Jütland ins Römische Reich eingebrochenen Cimbern abstammten, die 101 vor Christus von den römischen Truppen unter Marius im oberitalienischen Vercellae vernichtend geschlagen wurden und von denen sich Reste ins unzugängliche Gebirge nördlich von Verona und Vicenza gerettet haben sollen, diese Legende von ihrer Abkunft hatten nicht die Zimbern selbst in die Welt gesetzt. Das taten vielmehr die italienischen Humanisten, die sich im 16. Jahrhundert die rätselhafte Tatsache, dass es in dieser Gegend eine irgendwie deutsche Bevölkerung gab, die mit den Tirolern weiter im Norden nichts gemein hatte – weder den deutschen Dialekt noch die Geschichte, die unter ganz anderen Vorzeichen stand –, auf diese Weise erklärten. Auch waren es nicht die Zimbern, die sich als Nachfahren der im Dunkel der Geschichte verschwundenen Langobarden ausgaben, als die sie in einer anderen Legende ihrer Herkunft gelten. Seitdem es Zeugnisse von ihnen gibt, haben sie sich auf eine germanische Vergangenheit oder gar eine deutsche Mission in welschem Lande niemals berufen. Die Bauern und Bergleute, die von ihren bayerischen Grundherren einst ausgesandt wurden, entfernte Lehen zu besiedeln, hatten sich vielmehr die Fremde, in die sie gerieten, entschlossen zur Heimat gemacht, zur einzigen Heimat, denn einer verlorenen, die zu verlassen sie gezwungen oder verlockt worden waren, haben sie nie nachgetrauert. Weder als versprengte Cimbern oder Goten noch als Restposten der Langobarden oder Vorposten des Deutschtums haben sie sich gefühlt, sondern eben als Zimbern; ein Wort, das vielleicht mit »Zimberer«, einem Mann, der mit Holz zu tun hat, zusammenhängt, denn vom Holz, vom Wald, den sie schlugen und aus dem sie Millionen von Baumstämmen nach Venedig verbrachten, die die Stadt benötigte, haben sie gelebt. Was sie anstrebten, war die Autonomie einer Bauernrepublik, eine Art von freier Eidgenossenschaft, wie es den Schweizern eine zu bilden gelang.

Warum er mir den Spruch, der die Verfolgung der Zimbern im faschistischen Italien bezeugte, auf Zimbrisch in mein Notizbuch eingetragen habe, fragte ich Geiser. Hatte Mussolini, der die Zimbern hasste, weil er von der Idiotie des ethnisch purifizierten Staates gezeichnet war, womöglich gar Zimbrisch gekonnt? Mitnichten, erwiderte Geiser empört: »Aber ich möchte beweisen, dass es nichts gibt, das man nicht

Sonntagvormittag in Sleeghe/Asiago

auch auf Zimbrisch ausdrücken kann. Die Zeit des Zimbrischen kommt erst!«

Daran hatte ich zwar schon damals meine Zweifel, und diese wurden, als ich die entlegenen Dörfer der Zimbern besuchte und mit den Leitern von Heimatmuseen, Kulturvereinen, Chören sprach, gewiss nicht geringer. Geringer wurde aber auch nicht die Sympathie für sie, die ich anfangs in Form jenes so unbegründeten wie prekären Vorurteils empfand, das mich für fast jede Minderheit einnimmt und das gerade in seinem Wohlwollen natürlich auch etwas Borniertes hat. Was die Zimbern von anderen untergehenden, bedrohten Gruppen unterschied, das war die Gelassenheit, mit der sie an ihrem Erbe in dem Wissen festhielten, dass sich mit diesem kein Staat mehr machen, keine Zukunft bauen ließ. Die Zimbern, die ich traf, Alte wie Junge, liebten ihre kleine Welt, ohne das spießige und reaktionäre Ressentiment gegen die große zu hegen, dem man in Europa bei so vielen Herolden des Regionalismus, bei den Mythomanen lokaler Besonderheiten und Traditionen begegnet.

Wie lange wird es noch Zimbern geben, fragte ich die beiden Alten, als wir zusammensaßen und Wein tranken. Sie schauten einander an, als hätten sie gerade eine sehr dumme Frage gehört. »Palle odar spaete de loite stérbent allesàmont«, früher oder später sterben alle Leute, sagte Fikhinnar, und dann: Wenn man die Sache illusionslos betrachte, gebe es die Zimbern eigentlich gar nicht mehr. »Aber«, setzte Mario Martalar ganz in seinem Sinne fort, »die Bücher, in denen unsere Wörter verzeichnet sind, die gibt es doch, und die Jungen kennen unsere Geschichte und halten sich deswegen zu Recht selbst für Zimbern.« So ging es eine Weile an diesem Nachmittag im Albergo All' Amicizia dahin, bis wir uns darauf einigten, dass es die Zimbern, wiewohl sie immer weniger werden, auf wundersame Weise immer geben wird. Die beiden freuten sich, endlich eine Formel gefunden zu haben, die paradox genug war, etwas so Schwieriges wie ihre kleine Welt zu fassen.

4

Roana war schmuck herausgeputzt. Hier wohnten Leute, die auf sich und die Nachbarn achteten; aber ihre Häuser waren auf anspruchslose Weise alle nichts als gut in Schuss. Es war die genormte Durchschnittsware, mit der die Moderne in die abgeschiedene Welt Einzug gehalten hatte. An jeder Ecke des Ortes stießen wir auf eine Tafel, die auf fossile Funde aus prähistorischer Zeit hinwies, auf die zimbrische Landnahme, den Jahrhunderte währenden Kampf der Zimbern um Autonomie; aber im Ortsbild selber war nichts zu finden, das für diese Geschichte gesprochen hätte, es war, als würde der Stolz der Region etwas gelten, das nicht mehr existierte und von dem auch nichts mehr zeugte.

In Asiago, das zimbrisch Sleeghe geheißen hatte und heute nicht nur wegen des berühmten Käses, der hier hergestellt wird, der Hauptort der Region ist, fanden wir ebenfalls kaum ein älteres – und freilich auch kein sehenswertes neues – Gebäude; und in Rotzo, dem zimbrischen Ròtz, Gallio/Ghèlle und Lusiana/Lusaan ging es uns nicht anders: überall diese dreistöckigen, gut gewarteten und in Eternit eingefassten Wohnhäuser, die auch ganz woanders hätten stehen können und für so kleine Ortschaften allzu groß geraten waren, billiger kommunaler Wohnbau auf dem Lande. In Enego/Ghènebe endlich, am äußersten nordwestlichen Rand der Hochebene, dort, wo sie von der Brenta begrenzt wird und sich uns ein herrlich weiter Mittagsblick über den Fluss zu den flimmernden Hügeln und Tälern von Feltre bot, stießen wir auf einen eindrucksvollen Turm aus der Zeit der mittelalterlichen Scaliger; und in Foza/Vüütze waren wir fast schon glücklich, als wir eine schön angelegte Allee, deren Bäume gerade weiß und rosa erblühten, zur Kirche und ihrem Campanile entlang gingen. Sonst aber muteten die sieben Gemeinden aufgeräumt und gut gepflegt, keineswegs schön oder stimmungsvoll an; inmitten einer unverwechselbaren Natur schienen ausgerechnet die Ansiedlungen der Menschen das Austauschbare, Unspezifische zu sein. Daran waren nicht die Bewohner dieser Ortschaften schuld; es war die Strafexpedition des österreichisch-ungarischen Militärs, die 1916 die damals zum Königreich Italien gehörenden Gemeinden dem Erdboden gleichmachte und dafür sorgte, dass von der alten zimbrischen Dorf- und Stadtkultur nichts übrigblieb.

Im »Museo della Tradizione Cimbra – Haus dar Zimbarn Bissekhot« von Roana sahen wir endlich doch ein zimbrisches Haus: Als Miniatur war es aufgestellt, mit den Wirtschaftsräumen im Erdgeschoß, den Wohnräumen im ersten Stock und den Außentreppen, die unter das Schindeldach führten, in dem der Heustadel untergebracht war. Die Müttersterblichkeit war bei den Zimbern hoch, gebären mussten die Frauen, warum auch immer, bevorzugt im Stall beim Vieh. Das alte zimbrische Haus würde ein städtischer Liebhaber ländlicher Urwüchsigkeit wohl gerne als authentisch und stimmig bezeichnen, doch war selbst am Modell leicht zu erkennen, wie viel Mühsal es bedeutet haben musste, in einem solchen Haus zu leben. »Aussar sunna, mutar bon pitokhen« – Komm heraus, Sonne, du Mutter der Armen –, diesen Spruch fand ich in einer ethnographischen Studie als Beleg für ein im Christentum lange noch fortwirkendes heidnisches Erbe der Zimbern angeführt. Könnte er nicht auch ein Notschrei derer gewesen sein, die, Angehörige meist von vier Generationen einer Familie, in so düsteren Häusern zusammenleben mussten und sich nach den kalten Wintern im muffig überfüllten Haus nach Arbeit und Leben draußen, unter der Sonne, sehnten?

Auf das Museum waren wir durch seinen Direktor gekommen. Nach Einbruch der Nacht, beim Gang durch das stockfinstere Roana, kam uns vor dem Kino, das seine Tore bereits vor etlichen Jahren für immer geschlossen hatte, ein bedächtig durch seinen Ort schreitender Mann entgegen. Nichts war zu hören, kein Moped, auf dem in der Ferne jemand nach Hause fuhr, kein Fernseher, der zu laut lief, keine Tür, die zufiel, in Roana war es um zehn Uhr totenstill, nur die Assa, über die eine alte Holzbrücke nach Asiago führte, schoss in ihrem tiefen Bett vernehmlich am Ort vorbei. Kaum dass der Mann uns bemerkte, verlangsamte er den Schritt nochmals, sodass er fast zu stehen kam. Roana war klein genug, dass der Nachtgänger in uns sogleich die Fremden erkannte, und er wiederum war unerschrocken genug, dass er sich durch die späte Stunde und die Verlassenheit, die über den Straßen lag, nicht die Neugier auf diese verscheuchen ließ. Wir wechselten auf Italienisch ein paar Worte, von denen mir vorkam, sie seien die einzigen, die in dieser Stadt um diese Zeit noch gesprochen würden, und der Unbekannte schien geradezu entzückt, dass wir uns der Zimbern wegen hierher aufgemacht hatten. Mit einer förmlichen Verbeugung nannte er seinen Namen, und ich begriff, dass uns in dem Mann, der durch seine schlafende Stadt streifte, vielleicht um sich zu vergewissern, dass sie noch da war, ausgerechnet der Verfasser von zwei Büchern gegenüberstand, die ich zur Vorbereitung auf diese Reise gelesen hatte.

Sergio Bonato war ein untersetzter Mann von 55, 60 Jahren, der mit Begeisterung zu erzählen verstand, aber, kaum dass er geendet hatte, immer wieder wie in schwere Melancholie zu versinken schien. Er war entweder ganz geistige Präsenz oder vollkommene Abwesenheit. Jetzt, in der Nacht, konnten wir mit ihm nur immer dieselben paar Straßen auf und ab gehen, denn in ganz Roana gab es kein Café, das noch geöffnet gehabt hätte, und auch Igino Rebeschini hatte hinter uns Hotel und Wirtsstube zugesperrt und uns den Schlüssel mitgegeben. So vereinbarten wir für den nächsten Vormittag einen Termin beim Museum, und als wir anderntags gegen neun Uhr dort eintrafen, wurden wir schon ungeduldig erwartet. Bonato amtierte als Leiter des Istituto di Cultura Cimbra, war Präsident des zimbrischen Vereins von Vicenza und stand auch dem Museum vor, durch das er uns führte. Sammelstücke aus Jahrhunderten waren da zusammengetragen, Alltagsgeräte, Kleider, Werkzeug, an den Wänden hingen vergilbte Fotos, die Roana vor seiner Zerstörung durch die Österreicher zeigten, aber auch, nahezu beliebig, Aquarelle und Ölbilder aus der neuesten Zeit, die mit der zimbrischen Kultur nichts zu tun hatten, in ihrem ubiquitären Kitsch indes bewiesen, dass die Kulturindustrie auch in dieser Region längst ihre Filialen hatte.

Bonato erzählte uns von den Bräuchen, die das Alltagsleben in den sieben Gemeinden von Vicenza von dem in den dreizehn von Verona unterschieden und von denen sich, wie er einräumte, fast keine erhalten hatten. Wenn jemand starb, wurde sein Sarg nur in den sieben Gemeinden von einer »khlaagara«, einer dafür entlohnten Klagefrau, auf den Friedhof hinaus geleitet, die, je näher der Trauerzug der Grube kam, desto lauter und professionell verzweifelter den Verblichenen zu betrauern hatte. Auch glaubten die Vicentiner

Zimbern, dass es die Toten in der Nacht nach dem Hinscheiden noch dürstete, sodass sie neben dem aufgebahrten Leichnam Krüge mit Wein aufstellten.

Wie Bonato dies erzählte, begeistert, mit leuchtenden Augen und eindringlichen Gebärden – um dann wieder ganz in sich gekehrt zu verstummen –, konnte man glauben, er hielte jene karge, an Aberglauben reiche Vergangenheit, die weit vor seine eigene zurückreichte, für ein goldenes Zeitalter, gegen das sich unsere Gegenwart nichts als schäbig, armselig ausnehme. Außer wissenschaftlichen Studien schrieb Sergio Bonato auch zimbrische Gedichte, elegische Anrufungen des Zimberntums, Preislieder auf die Natur und wie sie sich im Wechsel der Jahreszeiten veränderte. Seines Zimberntums war er sich erst in der Fremde bewusst geworden, als er in Paris und Padua studierte, und die Dichtung spielte bei dieser Entdeckung von Wurzeln, die doch bereits seinen Großeltern verdorrten, eine wichtige Rolle. Beredt erzählte er davon, wie ihm seine zimbrische Wiedergeburt zum Auftrag wurde, sein Leben dem zimbrischen Erbe zu widmen. Als wir Abschied von dem geistreichen, traurigen Mann nahmen, drückte er mir mit allerlei Materialien des Museums auch ein paar zusammengeheftete Blätter mit seinen Gedichten in die Hand. Ich las sie spätabends im nahezu unmöblierten Zimmer im Albergo All' Amicizia, und es dauerte eine Weile, bis ich begriff, dass der letzte zimbrische Dichter der sieben Gemeinden seine Gedichte auf Italienisch verfertigte und es der Zimbrologe aus Salzburg war, der seine italienischen Verse ins Zimbrische übertrug. Dem Italiener, der im Gedicht um seine zimbrischen Vorfahren trauerte, deren Sprache schon seinen Großeltern verloren gegangen war, sprang der Österreicher bei, der sich sein Zimbrisch aus Wörterbüchern, Katechismen, Fabelsammlungen und aus den Gesprächen mit alten Menschen angeeignet und sich so eine uralte Sprache gewissermaßen neu erfunden hatte.

Estate
Dolce profilo di monti,
fresco respiro di boschi,
chiara profondità di cielo,
luminose trasparenze
di verde e di azzurro
Sergio Bonato Kuns, Robaan

Suumar
Süüse gaséghe von pèrghen,
vrischar aatom von bèllarn,
hòotare tiifekhot me hümmale,
liichtar glisamo
vomme grüün und vomme plaaben.
Remigius Geiser, Salzburg

5

Die Einheimischen hatten uns geraten, die sieben Gemeinden in südlicher Richtung zu verlassen, bis wir unweit von Vicenza auf die Autobahn stoßen würden, auf der wir rasch nach Verona gelangen könnten; von dort sollten wir eines der fünf Täler wählen, die die Lessinia, das Bergland nördlich von Verona, durchziehen und uns so den dreizehn Gemeinden nähern, die weit verstreut auf den Felsen der Lessinia hockten oder sich in den Schluchten verbargen. Der zeitsparende Umweg, der uns aus dem Gebirge in die südliche Ebene und von dieser wieder nordwärts ins Gebirge gebracht hätte, war uns verächtlich, sodass wir uns für die kleinen Straßen entschieden, mit denen die dreizehn Gemeinden in südwestlicher Richtung über drei Pässe zu erreichen waren. Die meisten Historiker verfechten die Auffassung, dass die dreizehn Gemeinden als Tochtergründungen der sieben Gemeinden und um ein bis zwei Jahrhunderte später als diese entstanden. Andere sind überzeugt, dass die Hochebene von Asiago und die Lessinia etwa zur selben Zeit besiedelt wurden. Der Streit ist heftig, aber außer für die weltweit innig verfehdete Gemeinschaft der Zimbrologen müßig. Denn wie es im Gebiet der amtlich noch immer so genannten »Sette Comuni di Vicenza« nur mehr eine einzige Gemeinde gibt, nämlich Roana, in der das Zimbrische nicht bloß als neu entdeckte Marke der Fremdenverkehrsindustrie firmiert, haben sich auch die meisten der »Tredeci Comuni di Verona« schon vor langer Zeit aufgelöst.

Wir gelangten in Veroneser Gebiet, als wir, vom Passo di Caterina herabfahrend, San Bortolo delle Montagne erreichten. Die Zimbern waren einst in die wälderreiche, menschenarme Lessinia geholt worden, damit sie für Grafen und Bischöfe den undurchdringlichen Hochwald rodeten, und sie hatten später ihre Existenz vor allem mit der Herstellung von Holzkohle bestritten. So viele Kohlenmeiler, deren Rauch noch von Verona aus zu sehen war, wurden im Wald errichtet, dass für die Lessinia auch die Bezeichnung »Montagne del Carbon«, die Kohlenberge, gebräuchlich wurde. Die Bezeichnung »Dreizehn Gemeinden« täuscht ein einheitliches Siedlungsgebiet vor, zu dem sich die weit voneinander gelegenen Ansiedelungen wohl nie gefügt haben. Was sie verband, waren Herkunft und Sprache der Siedler, die aus verschiedenen bayerischen Regionen oder eben aus den sieben Gemeinden stammten –, und ihre rechtliche Stellung, die sie der gemeinsamen Zugehörigkeit zu Venedig verdankten.

San Bortolo wirkte, als hätte es sich bereits seit einiger Zeit damit abgefunden, fast ohne Bewohner auskommen zu müssen. Im ganzen Ort mit seiner ärmlichen Kirche und einem Haus, an dessen Seitenwand ein bemerkenswert rohes Wandgemälde zu sehen war, das an die Tradition der Trombini erinnerte, einer Art von zimbrischen Prangerschützen, ließ sich nur ein einziger Mensch sehen. Der alte Mann schritt die Hauptstraße langsam vom einen zum anderen und vom anderen zum einen Ende ab, mit so gemessener Selbstverständlichkeit, als habe sein Leben immer schon daraus bestanden, diese hundert Meter hinauf und hinunter zu gehen. Er tat, als würde er uns nicht bemerken, sodass ich es einrichten musste, seine Bahn wie zufällig zu kreuzen. Ein listiger Spitzkopf, der sich wohl längst über die Störenfriede seine Gedanken gemacht hatte, blickte er mich mit wassergrünen Greisenaugen an und fragte, woher ich komme und was ich in San Bortolo suche.

Alle Studien, die ich gelesen hatte, berichteten, dass in San Bortolo die letzten Zimbern schon im 18. Jahrhundert ihre Sprache aufgegeben hatten und Italiener geworden waren. Der Spitzkopf jedoch erklärte mir so sachkundig wie umständlich, was es mit den Trombini, diesen basstubaähnlich unförmigen Geschützen, auf sich hatte und dass es nirgendwo heute noch so viele zimbrische Schützen gebe wie in San Bortolo. Ich mochte ihm das glauben, denn er hatte sich in Begeisterung geredet und strahlte, als er das Krachen der Trombini lautmalerisch nachzuahmen versuchte. Als ich ihn fragte, wer er sei, wollte ich eigentlich erfahren, welchen Beruf er ausgeübt hatte, doch er antwortete frischweg: un Veneziano!

Ein Venezianer im Hochgebirge, darüber musste ich lächeln, worüber er sich so wunderte, dass er mir erklärte, wo

Venedig liege und was für ein Wunder an Stadt es sei: Kanäle, Tausende kleine Brücklein, Paläste auf Holzpfosten, es sei wirklich kaum vorzustellen. Venedig liege aber nicht nur am Wasser, sondern auch hier, im Gebirge. Das war noch schwerer vorzustellen. Und Italiener, das seien die Leute hier wohl auch, aber vor allem seien sie Venezianer, erzählte er, stolze Venezianer seit siebenhundert Jahren, denn Venedig war immer gut zu ihnen gewesen, Italien hingegen nur selten.

Ich dachte noch an den greisen Venezianer des Gebirges, als wir wenige Kilometer von San Bortolo entfernt in das noch kleinere Bolca kamen. Wir befanden uns rund achthundert Meter über dem Meeresspiegel, und das Museum von Bolca zeigte nichts anderes als fossile Fundstücke, die aus der Nähe stammten und doch von einem riesigen Meer erzählten, das sich einst bis in diese Höhen erstreckt hatte. Die Lessinia mit ihren Wäldern, Berggipfeln, Tälern und Karsthöhlen war von einem Meer bedeckt gewesen, tropische Pflanzen waren hier gewachsen, das sanft plätschernde Wasser einer Lagune mit Korallenriffen und Fischen, die heute in keinem der Weltmeere mehr zu finden sind, schaukelte über Almen, Senken und Feldern. Staunend standen wir vor weißen Steinen, in denen die in allen Schattierungen von Rot und Blau schimmernden Fische eingeschlossen waren, kleine und größere, die Flossen wie erstarrt in ihrer Bewegung, das Maul aufgerissen, die toten Augen für alle Ewigkeit geöffnet ... Ins glatte Grau anderer Steine waren Pflanzen gepresst, die vor fünfhundert Millionen Jahren geblüht hatten, tausenderlei Fossilien waren vom Meer zurückgelassen worden. Das grüne Hügelland der Lessinia ist der Grund eines verschwundenen Meeres, und die Zimbern sind die verschwundenen Venezianer des Gebirges.

6

An der Gabelung der kaum befahrenen Straße, auf der wir nach Selva di Progno unterwegs waren, ließ uns eines der seltsamsten Kunstwerke halten, das je für den öffentlichen Raum – der in ganz Europa mit den seltsamsten Kunstwerken vollgeräumt wird – geschaffen worden sein mag. Eine riesige Metallschnecke, gewiss das prämierte Werk eines Kunstwettbewerbs, der ausgeschrieben und für den hunderterlei Projekte eingereicht worden waren, war mitten in einen Kreisverkehr auf ein Postament gesetzt worden, unförmig, klobig wie aus einem Horrorfilm, das surreale Protzstück einer Repräsentationskunst, die hier, in einem Kreisverkehr, der das schiere Nichts zu regeln schien, weiß der Teufel was zu repräsentieren hatte. Die Schnecke war doppelt symbolisch gedacht. Sie war allen Zimbern gewidmet, die hier geblieben waren, in ihren Bergen ausgeharrt hatten, mit ihrem Land schon fast verwachsen wie die Schnecke, die sich nur langsam, eine klebrige Spur ziehend, fortbewegt. Und sie galt den Zimbern, die hinaus in die Welt gezogen waren und, wohin immer es sie verschlug, das Wissen um ihr Zimberntum mitgenommen hatten wie die Schnecke ihr Haus.

Tatsächlich waren die Zimbern schon seit dem 19. Jahrhundert aus dem Gebiet, das ihre Vorfahren dem Wald abgetrotzt und nutzbar gemacht hatten, wieder ausgewandert. Sie wollten der Not entrinnen, aus der sie all die Jahrhunderte kaum herausgefunden hatten, die aber erst in der Ära der Industrialisierung drückend geworden war. Tausende von ihnen landeten in den USA, wo sie, soferne sie solche vorfanden, meist die Nähe italienischer Einwanderer suchten, mit denen sie sich unterhalten konnten, weniger die der deutschen, deren Sprache sie nicht beherrschten und die wiederum ihren

Dialekt nicht verstanden. Der Erste Weltkrieg machte die sieben und die dreizehn Gemeinden ebenso wie die Gegend von Lusern zum Frontgebiet. Die Luserner Zimbern waren Untertanen der habsburgischen Monarchie, die der sieben und dreizehn Gemeinden jedoch italienische Staatsbürger. Schon lange, bevor der Krieg begann, der nicht wie ein Verhängnis hereinbrach, sondern das Ergebnis jahrelanger Planung war, wurde die ganze Region, diesseits wie jenseits der Grenze, für den Krieg mit Festungen bestückt und über eigens in den Fels, durch Wälder, ins Land geschlagene Militärstraßen erschlossen. So wurde Ljetzan/Giazza, die nur zu Fuß zu erreichende Ortschaft am Talschluss der Val d'Illasi, erst durch eine im zweiten Kriegsjahr errichtete Straße des italienischen Militärs mit dem Nachbarort Selva di Progno verbunden und so der neuen Zeit angeschlossen; die Öffnung zur Welt, mit Gewalt und für die Gewalt, durch den Krieg wurde sie erzwungen.

1916 eroberte die österreichisch-ungarische Armee die Hochebene von Asiago. Die Bevölkerung, die sie vorfand, galt ihr als unzuverlässig und wurde, gleich der von Lusern, zuerst nach Tirol und von dort nach Böhmen umgesiedelt. Die Zimbern der dreizehn Gemeinden und jener Siedlungsgebiete aber, die von den österreichischen Truppen nicht erobert wurden, sondern bei Italien blieben, galten umgekehrt den italienischen Nationalisten für unzuverlässig und wurden bis nach Sizilien verfrachtet.

1918 kehrten die einen aus Tirol und Böhmen, die anderen aus Süditalien in ihre Heimat zurück und fanden sie völlig zerstört vor. Immerhin, durch das zimbrische Siedlungsgebiet schnitt jetzt nicht, wie vorher, die Grenze zweier verfeindeter Staaten. Doch wie die Österreicher den Zimbern stets nur Schaden zugefügt hatten, traten jetzt die Italiener an, es ihnen entschlossen gleichzutun. In die zimbrischen Gemeinden wurden nationalistische Pfarrer entsandt, die nur jenen die Beichte abnahmen, die sich willig zeigten, ihre Sünden auf Italienisch zu bereuen. In den zwanziger Jahren ließ Mussolini zimbrische Familien, die für verdächtig galten, sich dem nationalen Fortschritt reaktionär zu verweigern und unverbesserlich an ihrem barbarischen Dialekt festzuhalten, in die Pontinischen Sümpfe umsiedeln; dort, südlich von Rom, soll eine neue zimbrische Sprachinsel entstanden sein, von der ich manches gehört habe, aber niemand, den ich traf, Genaueres zu berichten wusste.

Andere nehmen sich den kühnen Löwen zum Wappentier, den stolzen Adler, den zähen Wolf, den mächtigen Bären; die Zimbern haben sich für die Schnecke entschieden, die kaum vorwärts kommt, aber stets ihr Haus mit sich schleppt, in das sie sich zurückziehen und mit dem sie sich überall niederlassen und heimisch werden kann. Nirgendwo ist sie ganz fremd, weil sie doch mit sich trägt, was sie ausmacht, und so langsam ist sie unterwegs, dass ihr der Fortschritt niemals nachkommt. Wir schauten zu der in der Sonne gleißenden, die wenigen Autofahrer blendenden Schnecke hinauf und konnten uns des Eindrucks nicht erwehren, selten etwas Hässliches gesehen zu haben, das uns so gut gefiel.

7

Giovanni Molinari hatte erst am Vortag geheiratet. Aber nicht zum ersten Mal, wie er uns fröhlich mitteilte. Er hatte immer noch einen Teil der Hochzeitsgesellschaft bei sich zu Hause, war aber trotzdem, zu so unpassendem Zeitpunkt gerufen, unverzüglich aufgebrochen, um uns am Hauptplatz von Giazza zu treffen. Ein bärtiger Mann Mitte fünfzig, der Lehrer war und zugleich mit seiner frühen Pensionierung seine späte Wiederverheiratung feierte, konnte man ihm noch den Studenten anmerken, der vor dreißig Jahren in Padua oder Bologna gegen italienische Misstände und für internationale Solidarität demonstriert hatte. Er war ein städtischer Intellektueller, der nicht als geschlagener politischer Utopist sein Glück im stillen Winkel genießen wollte, sondern ein lebensfroher, humorvoller Mann, der das kleine Ljetzan als Ort großer Widersprüche und unerkannter Reichtümer schätzte.

Die Lessinia ist ein von Verona an aufsteigender massiver Block und wird von fünf tief ins Land schneidenden Tälern durchzogen. Ganz im Westen, wo die Hügel sanfter abfallen, liegt die Valpolicella, in der der bekannte Wein angebaut wird, ganz im Osten ziehen die Val d'Illasi und die Val d'Alpone ihre Furchen, und im Norden erhebt sich das Lessinische Gebirge mit seinem Nationalpark. Selva di Progno galt einst als zimbrischer Hauptort in der Val d'Illasi, und das noch weiter nordwärts gelegene Giazza/Ljetzan, mit dem das immer enger werdende Tal vor einer mächtigen Bergkette endet, war nur eine »frazione«, ein Außenposten von Brunge, von Selva. Die einzige Sehenswürdigkeit von Brunge ist heute der Parkplatz, auf dem im Sommer die Wanderer, die sich in die Lessinischen Berge begeben, ihre Autos abstellen. Jetzt, im März, waren die touristischen Ämter, die Café-Bars und Restaurants geschlossen, und als wir mit dem Auto in den Parkplatz einfuhren, wussten wir nicht, wo wir es parken sollten, denn alle Plätze waren frei, was immer eine Herausforderung für den Lenker darstellt, und so kurvten wir unentschlossen herum, bis wir in der äußersten Ecke etwas ragen sahen, das fast schon wieder nach Kunst im öffentlichen Verkehrsraum aussah. Es handelte sich um einen übergroßen eisernen Bischofsstab, an dem eine übergroße eiserne Bischofsmütze hing: Beides war zu Ehren eines frommen Sohnes von Selva di Progno abgestellt worden, der nach seinem der Missionierung geweihten Leben vor fünfzehn Jahren als Bischof von Guinea-Bissau verstorben war. So sehr wir uns Mühe gaben, der bedrückenden Langweile des Ortes nicht vorschnell entfliehen zu wollen, wir konnten, als wir zwei, drei und mehr Stunden lang durch Selva di Progno geschlendert und kaum einem Menschen begegnet waren, den gottseligen Settimo Franzetti verstehen, der Reißaus genommen hatte. Wenn Selva di Progno der Hauptort und Giazza die Tochtergemeinde war, was durften wir uns dann vom alten Ljetzan erwarten?

Giazza ist etwa vier Kilometer von Selva di Progno entfernt, und die Fahrt führte über eine holprige Straße stetig bergauf. Nach der letzten Steigung tat sich der Talkessel unvermutet auf – und vor uns lag ein Ort, dessen Anblick uns den Atem nahm: wie an den Felsen geworfen, die Häuser eng aneinandergedrückt, steile Gassen dazwischen, die aus der tiefen Senke, zu der der Ort nach der letzten Steigung der Straße jäh abfiel, hoch und immer höher führten und vor einer Hunderte Meter hoch ragenden Steilwand endeten. Hinter den bewaldeten Gipfeln des Lessinischen Gebirges zeichneten sich im klaren Licht die schneebedeckten Massive der kleinen Dolomiten mit der Corega-Gruppe ab.

Vor den kleinen Häusern der Senke waren in den Gärten, aus denen wütend die Wachhunde bellten, alle Leute beschäftigt, die meisten von ihnen schnitten oder schlichteten Holz und winkten freundlich herüber, wenn wir ein wenig länger über ihre Zäune schauten. In den Gassen waren die kleinen Geschäfte zweisprachig beschriftet, »Markadantan/Mercato«,

Eines von zahlreichen Denkmälern für
die zimbrischen Auswanderer

aus einem von ihnen, dem »Haus un proat Tzimbar«, drang der Geruch von frisch gebackenem Brot, das Geschäft daneben pries »Smaltz und kesar« an.

Ein wenig höher lag die Kirche mit ihrem weißen Kirchturm und davor, auf einem angenehm unregelmäßigen Plätzchen, das Museum, das »Puachar Haus. Ume Altaz Taucias Gareida«, für die Italiener als Museo Biblioteca ausgewiesen und für die deutschen Besucher als »Althochdeutsches Kulturhaus«. Am Haus gegenüber war eine Tafel für Giuseppe Cappelletti angebracht, der hier 1871 geboren wurde und dem es nicht in die zimbrische Wiege gelegt war, einer der gelehrtesten Männer seiner Zeit zu werden. Als katholischer Geistlicher wirkte er lange in Verona, aber berühmt wurde er als Mathematiker, und wenn es seine Zeit zuließ, beschäftigte sich der Pfarrer und Wissenschaftler mit alten Sprachen, von denen er fünfzehn beherrschte. 1956, zwei Jahre vor seinem Tod, veröffentlichte er ein zimbrisches Wörterbuch samt einer kleinen Grammatik und einer Fabelsammlung, »Il Linguaggio dei Tredici Comuni Veronesi«, eine Arbeit, die jener des akademisch unausgebildeten Umberto Martello Martalar, des Postbeamten aus Roana, vergleichbar ist, der, so wie Cappelletti es für die Veroneser Gemeinden unternahm, den Bestand dieser Sprache in den Vicentiner Gemeinden sichern wollte. Unweit von Cappellettis Geburtshaus rauschte ein Bach vorbei, tief in sein Bett eingegraben, und eine ältere Frau, die in Lockenwicklern des Weges schritt, klärte uns von sich aus darüber auf, dass Ljetzan am Zusammenfluss des Revolto und Fraselle liege, aber dieser Bach hier, der sich aus beiden speiste, im Ort immer schon schlicht »pach« geheißen habe.

Später sollten wir erfahren, dass Giazza nur mehr 120 Einwohner zählte, aber zum ersten Mal im Zimbernland hatten wir den Eindruck, in einem reichlich bevölkerten Ort angekommen zu sein, denn viele Leute waren auf den Straßen, vor ihren Häusern, in den Gärten zu sehen, überall wurde gearbeitet, die Geschäfte hatten geöffnet, und die Leute riefen sich über die Gartenzäune Sätze zu, die unverkennbar Zimbrisch waren.

Links um den Ort führte der Europa-Wanderweg Nummer fünf herum, und ihn schlugen wir ein. Der Weg zog hoch hinauf, unten rauschte der Bach durch den Ort, und bald kamen wir an einigen Gruppen von Häusern vorbei, deren Rolläden heruntergelassen waren. Dies waren die Weekend-Häuser der Naturfreunde aus Verona, die nur im Urlaub hierher kamen, um in den Lessinischen Nationalpark aufzusteigen, der gerade hier begann. Es dauerte ein, zwei Stunden, bis wir an die hochragende Felswand stießen, an der Giazza klebt, dessen letztes, am höchsten gelegenes Gebäude ein großes Hotel war. Als der steile Weg sich nach rechts kehrte und die schroffe Bergwand entlang zum thronenden Hotel führte, kamen wir bei einem gemauerten Blockhaus vorbei, aus dessen Tür ein scharfer Rauch drang. Wir traten ein in das dunkle Gemäuer, in dem ein fünfzigjähriger, magerer Mann, der schon seit Stunden im Rauch gestanden sein musste und doch während unseres Gesprächs die Zigarette kaum aus dem Mund nahm, mit einem verklebten und verfärbten Holzstück in zwei Riesenbottichen rührte. Der Metallbottich war an einer Kette an der düsteren, rauchgeschwärzten Decke aufgehängt, und unter ihm loderte ein mit Holzscheitern gut gefüttertes Feuer: Hier entstand der »Formaggio di Montagne«. Der Mann hatte einen blauen Overall an und redete so unverdrossen, wie er mit dem Holzstück bald im einen, bald im anderen Bottich rührte. Der zweite Bottich war aus Holz und stand auf dem schwarzen Estrich, in ihm befand sich alles, was die lieben »Swaindarlan« brauchen konnten. Der Käse für die Feinschmecker, der Sud von den Resten der Woche für die Schweine, beiden mochte es später gleichermaßen wohl bekommen, aber ich war mir nicht sicher, ob der wackere Zimber gemäß den Vorschriften arbeitete, mit denen die Europäische Union die Herstellung von Lebensmitteln regelt.

8

Molinari zeigte über seinen Ort, den wir uns schon ergangen hatten, und behauptete, er sei wie eine Terrasse angelegt. Ganz oben das Hotel und einige Gebäude der landwirtschaftlichen Kooperative, dann die mittlere Ebene mit Kirche und Heimathaus, auf der wir uns befanden, und ein Stück weiter unten die kleinen, eng aneinander gebauten Häuser im Loch. Der berühmte Johann Andreas Schmeller hatte die Ortsbezeichnung Ljetzan mit dem mittelhochdeutschen »gljetze« in Verbindung gebracht, aus dem später »glietzen« und endlich Ljetzan wurde, und gletzje bedeutete so viel wie Eisloch, kalte Grube. Die Deutung ist umstritten, denn man kann auch einen anderen Wortstamm anführen, »ljetzte«, was etwa mit »das Letzte«, »das Ende« zu übersetzen wäre. Für beides sprach in Ljetzan einiges: Es war ein Ort am Ende, am Abschluss eines Tales – und eine Eisgrube. Die Leute von Ljetzan waren berühmt gewesen als Hüter des Eises, zu Zeiten, da es noch keine Kühlschränke gab, waren sie es, die die reichen Leute von Verona das ganze Jahr über mit Eis versorgten, das sie in Brunnen, die sie tief zu unterkellern wussten, hüteten. Erst um 1950, erzählte uns Molinari, während er uns durch den am tiefsten gelegenen, spürbar um einige Grade kühleren Teil von Giazza führte, war es mit diesem Erwerbszweig endgültig vorbei. Aber überall im Land stießen wir im Schatten mächtiger Bäume noch auf uralte »ghiàssara«, kleine, runde Gemäuer, die über Brunnen errichtet waren und in denen das Eis des Winters sich bis in den Sommer hielt, als es die Zimbern zu den Adeligen auf ihre Landgüter und zu den reichen Bürgern in die Stadt brachten.

Endlich führte uns Giovanni Molinari in sein Museum. Es wurde 1974 eröffnet, und viele Italiener, egal ob mit oder ohne zimbrische Vorfahren, hatten jahrelang das ihre dazu beigetragen, dass es in diesem entlegenen Ort als prächtiges Kulturhaus entstehen konnte; didaktisch schlüssig aufbereitet, reich ausgestattet mit Fundstücken, Alltagsgeräten, Fotografien und klug kommentiert im Rahmen der italienischen Geschichte des Ortes, war es von den vielen Heimathäusern, die sich im Zimbernland dem Fleiß, der Zähigkeit und Liebe volksbildnerischer Autodidakten verdankten, mit Abstand das anspruchsvollste.

Einer, der beharrlich dafür gewirkt hatte, dass das Zimberntum geachtet und in Giazza auch in einem Museum gesichert werde, war Antonio Fabbris gewesen. Ein Neffe des berühmten Giuseppe Cappelletti, wurde er 1908 in Ljetzan geboren. Er hatte vier kleine Kinder, als der Zweite Weltkrieg ausbrach und viele Zimbern in Mussolinis Armee verpflichtet wurden, auf dass sie in Abessinien, auf dem Balkan, weit weg von ihren Tälern und Bergen zur Ehre des faschistischen Vaterlandes kämpften. Nicht wenige von ihnen wussten um die Tradition der Renitenz, in der ihre Vorfahren standen, die 1848 für die bürgerliche Revolution, 1860 für die Einigung Italiens gekämpft hatten, und viele schlossen sich, sobald es die Gelegenheit dazu gab, den Partisanen an. Die Lessinia mit ihren Karsthöhlen, Wäldern, abgelegenen Weilern war ein ideales Rückzugsgebiet der Partisanen, und der katholische Volksbildner Antonio Fabbris war bei denen, die die Uniform ablegten und in die Wälder zu den Partisanen gingen. 1943 verhaftet, hatte er Glück, nicht füsiliert zu werden, sondern in einem Kerker in Rom die Ära des Faschismus zu überleben. Kaum dass er 1945 nach Giazza zurückgekehrt war, starb seine Frau, er zog seine Kinder alleine auf, gründete eine Sägewerks-Kooperative und eine Fabrik zur Herstellung von Spielwaren. Und er zeichnete alte zimbrische Geschichten auf und schrieb Gedichte. In einem, das er in hohem Alter verfasste, rühmt er den Tag, an dem in Ljetzan das »Puachar Haus Ume Altaz Taucias Gareida«, das Althochdeutsche Kulturhaus, eröffnet wurde:

> Vour tze ghian darabeghe
> mus ma segan, mus ma loutzan
> de gadenke 'un unsarn Altan
> ime schaunan nauhgan hause.

Wie soll man das übersetzen? Vielleicht: Bevor man fortgeht / muss man sehen, muss man hören / das, was an unsere Ahnen erinnert / in dem schönen neuen Haus.

In dem schönen neuen Haus, das schon fast dreißig Jahre stand, befanden wir uns gerade, und Giovanni Molinari erklärte uns, was es mit den Dingen, die hier zu hören und zu sehen waren von den Ahnen der Zimbern, auf sich hatte. Er, der gerne lachte und mir dabei auf die Schulter schlug, als wolle er bekräftigen, dass die Dinge eben merkwürdig und die Leute verstiegen sein durften, wurde ganz ernst, als er mir dieses erzählte: Die Zimbern hatten immer geglaubt, dass das Geschlecht, das ein Neugeborenes hatte, auf den Vater zurückging. Wer Söhne haben wollte, musste den Geschlechtsverkehr heftig und energisch ausführen, wen es nach einer Tochter sehnte, der hatte die Sache sanfter und ausdauernder anzugehen. Ja, sagte Molinari, bei frommen Leuten herrscht in praktischen Dingen manchmal eine schamlose Offenherzigkeit, kein Mädchen, das nicht von seiner prüden Mutter darüber belehrt worden wäre, wie es dereinst seinen Mann anzuleiten, zu lenken habe, damit ein Sohn oder eben eine Tochter geboren werde. War die junge Frau dann schwanger, musste sie ihre schmucke Halskette ablegen, sonst bestand für den Embryo die Gefahr, sich an der Nabelschnur zu erdrosseln.

Das Hotel an der Steilwand hatte jetzt, außerhalb der Saison, fast keine Gäste. Im riesigen Speisesaal, in den im Sommer die Reisebusse ihre menschliche Fracht kippten, waren nur zwei Tische besetzt. Um den einen saß die Jugend des Dorfes, die heftig dem Bier zusprach, am anderen hielten sich drei alte Frauen an Rotwein. Molinari war noch mit uns heraufgekommen und während er mit uns sprach, warfen ihm die Jungen wie die Alten Scherzworte herüber. 1950 habe Giazza noch siebenhundert Einwohner gehabt, sagte er, jetzt waren es nur mehr 120. Aber ein Grund zu verzweifeln sei das nicht. Denn in den letzten zehn Jahren habe es zwölf Geburten in Ljetzan gegeben, ein unerwarteter Rekord. Es geht aufwärts mit uns, rief Molinari, und sicherheitshalber schlug er mir, dass wir einander verstünden, auf die Schulter. Er brachte uns noch an den Stammtisch der drei Alten, die ihn mit kecken Worten daran erinnerten, dass er sich seit gestern im Ehestand befinde und kein Recht habe, seine Zeit hier zu vertrödeln, und verabschiedete sich dann mit kräftigen Umarmungen.

Die drei alten Damen waren selbst schon fast beim Aufbruch gewesen und zögerten diesen der Höflichkeit halber um ein Glas hinaus. Die Jüngste von ihnen schien geradewegs von der Gartenarbeit zu kommen, in ihrer Arbeitsjacke und den schmutzigen Gummistiefeln, die zwei anderen waren herausgeputzt, wie man es eben ist, wenn man beschließt, in die Öffentlichkeit eines gutbürgerlichen Lokals zu gehen. Sie schüttelten den Kopf, als sie den Zweck unserer Reise erfuhren, anerkennend zwar, doch so, als zweifelten sie, ob sie es mit Menschen zu tun hatten, die recht gescheit waren. Aber sie gaben sich redliche Mühe, uns nicht zu langweilen, und erteilten bereitwillig Auskunft, worüber uns nur gerade einfiel, Auskunft zu begehren. Es war eine freundliche Melancholie um sie, wie sie sich am späten Nachmittag oft in Gaststuben einstellt, ehe der Weg nach Hause doch angetreten werden muss, eine milde, nachgiebige Resignation. »In bain ist de milach 'un altan«, sagte die eine, als sie uns zuprostete, und es klang nicht, als wolle sie sich überflüssigerweise dafür entschuldigen, hier mitten unter der Woche Wein zu trinken, sondern wie eine Feststellung, dass die Dinge nun eben einmal seien, wie sie sind: Der Wein ist die Milch der Alten! Ach, die Zimbern, sagte die dritte, die eine fast durchsichtige, alabasterhafte Haut hatte, eine alte Prinzessin, die es aus einem verwunschenen Palazzo von Verona in dieses raue Dorf verschlagen hatte, die Zimbern, wer weiß schon, woher die gekommen sind! Sicher war nur, dass die Kellnerin, die schweigsam und höflich servierte, eine junge Frau mit schmalem Gesicht und einem geradezu raffiniert platzierten Leberfleck unterhalb des linken Auges, aus Albanien hierher gekommen war, nach Giazza, ins alte Ljetzan, das sechshundert Jahre nur über einen Saumpfad zu erreichen war und mit dem es seit zehn Jahren wieder aufwärts ging, weil zwölf Geburten im Gemeindeamt angemeldet wurden.

9

Unter den Lebenden, unter den Toten: lauter Nicolussi. Wir waren gegen elf Uhr über die Hochebenen von Folgaria, das die Zimbern Vielgereut nannten, und von Lavarone, dessen Name vom zimbrischen Lafraun abgeleitet wurde, in Lusern eingetroffen. Der kleine Ort lag auf 1333 Meter Meereshöhe so abgeschieden, wie man es uns geschildert hatte, die Fahrt ging ein Stück entlang des »Friedensweges«, der an jene hunderttausend österreichischen und italienischen Soldaten erinnert, die hier, in unwegsamem Gelände, während des Ersten Weltkriegs starben; Opfer eines widersinnigen Kampfes um unbewohnte Berggipfel, um Täler, die in die Einöde führten, um Dörfer, die strategisch ohne Bedeutung waren. Luserna, heute an der Grenze der italienischen Provinzen Trento und Veneto, einst an der von Österreich-Ungarn und Italien gelegen, ist von gewaltigen militärischen Festungen der Österreicher und der Italiener umstellt, und vom ersten Kriegstag an sausten über das Dorf die Granaten der Mörser hinweg, von denen zahllose den Ort selber trafen und ihn vollständig zerstörten. Die Frauen, Alten und Kinder verließen Lusern noch im Mai 1915, in dem der Krieg zwischen den Nachbarn begann, sie wurden in der Gegend von Aussig auf 22 sudetendeutsche Dörfer aufgeteilt. Die wehrfähigen Männer waren längst von der k. u. k. Armee eingezogen und in Bataillone gesteckt worden, die an weit entfernten Kriegsschauplätzen kämpften. Die Armeeführung wusste, dass sie die Zimbern im eigenen Land nicht einsetzen konnte, hätten die Ortskundigen doch gesehen, dass ihre Heimat nicht verteidigt, sondern in Grund und Boden bombardiert wurde, gemäß dem verbrecherischen Ratschluss des Feldmarschalls Conrad von Hötzendorf, des fürchterlichsten Kriegstreibers und größten strategischen Versagers, den die österreichisch-ungarische Armee je hervorgebracht hat.

Nah ragen die Gipfel imposanter Gebirgsketten, die Cima Vezzena, der Becco di Filadonna, der Monte Cimon, die Montagna Fratelle, doch eingebettet ist Lusern in eine liebliche Hügellandschaft, in der jetzt kaum mehr Schnee lag und in der es bereits zu grünen und gleich in Violett, Gelb, Hellblau und Orange zu blühen begonnen hatte. Lusern selbst, von so schöner, vielgestaltiger Natur, von überhängenden Felsen, sanften Hügeln, gesprenkelten Wiesen und dunklem Wald umgeben, ist nicht schön, kann es nicht sein, der Ort ist nach 1918 von Menschen, die aus der Fremde mittellos zurückkehrten, auf dem riesigen Schutthaufen errichtet worden, den sie anstelle ihres Dorfes vorfanden. Rasch bauten sie eine neue Kirche und einfache Häuser, in denen sie unterschlüpfen konnten. Und als das neue Lusern dort stand, wo ganz anders das alte gestanden war, brachen die Männer schon wieder auf, um sich auswärts als Arbeitskräfte zu verdingen, in den Städten des Veneto und des Trentino, in der Schweiz, Süddeutschland, Österreich.

Als wir über den Friedhof gingen, fiel uns auf, dass jedes zweite der akkurat gepflegten Gräber einen Nicolussi barg. In der Café Bar Alba, in der wir später mit älteren Leuten aus dem Ort ins Gespräch kamen, die hier Stunden bei einem einzigen Glas verbrachten, stellten sich von dreien zwei als Nicolussi vor. Sie belehrten mich, dass die Familien, die Lusern zu Beginn des 14. Jahrhunderts gründeten, die Namen Nikolaus, Kaspar und Peter trugen und wohl drei Viertel der Bewohner heute noch Nicolussi, Gasperi und Pedrazza hießen. Ich erinnerte mich, dass ein legendäres Buch der Zimbern, »Die Vergessenen von Lusern«, in dem der karge Alltag des 19. Jahrhunderts geschildert wird, einen Matthäus Nicolussi zum

Verfasser hatte. Auch er klagte darin bereits von der Not der Zimbern, die ihr Grund und Boden nicht mehr ernährte und die auf Wanderschaft gehen mussten, damit sie ihren Familien das Überleben in Lusern sichern konnten. Der bekannteste zimbrische Politiker hieß Eduard Reut-Nicolussi, er wurde von den italienischen Faschisten so drangsaliert, dass er 1925 nach Innsbruck übersiedelte, wo ihn nach 1938 die Nationalsozialisten überwachten. Die neuen zimbrischen Lieder wiederum, die ich auf einer Kassette in Roana erstand, waren von einem Adolfo Nicolussi Zatta verfasst, und der über die Region hinaus bekannte gemischte Chor »Dar Karo« wurde von Giacobe Nicolussi Paolaz geleitet; die Bewegung, die nicht ohne Erfolg versuchte, das weltvergessene Lusern über seine zimbrische Kultur bekannt zu machen, hatte vor zwei Jahrzehnten der Bürgermeister Luigi Nicolussi initiiert. Jetzt aber suchten wir einen anderen Nicolussi, Fiorenzo Nicolussi Castellan, mit dem ich ein paar Briefe gewechselt hatte und von dem ich mir, so freundlich, informativ und prompt er meine Schreiben stets beantwortet hatte, noch kein rechtes Bild zu machen wusste, weder wie alt und wes Geistes Kind er war noch ob er sich als Wächter der Tradition oder als Wegbereiter eines neuen Tourismus in der Region verstand. Aber ausgerechnet dieser Nicolussi war nicht aufzutreiben.

10

Die letzte Volkszählung hatte ergeben, dass Lusern nur mehr 343 Einwohner hatte, von denen hundert die Woche über auswärts arbeiteten und erst am Freitag Abend nach Hause kamen. Die 243 aber, die sich jetzt, am Mittwoch, in ihrem Dorf befanden, schienen allesamt damit befasst, Fiorenzo

Nicolussi Castellan für uns zu suchen. Wir schlenderten durch den Ort mit seinen steilen Straßen, und wer immer uns begegnete, in der Via Trento, wo die Kirche stand, in der Via Mazzini, die von den Einwohnern unverdrossen wie früher Pründle genannt wurde, oder in der Via Roma, die sie schlicht »Eck« nannten, er wusste schon Bescheid und war mit den anderen mittels Handy verbunden, um gleich Auskunft geben zu können, wie weit die Nachforschungen gediehen seien. Das musste ein honoriger Mann sein, den zu suchen die Nachmittagsbeschäftigung eines ganzen Dorfes war! Nach zwei Stunden wurde uns bedeutet, dass man fündig geworden und mit der Ankunft des Gesuchten bald zu rechnen sei. Wir warteten auf dem Hauptplatz, als ein Kleinwagen in schneidigem Tempo die Via Costalta vom Militärfriedhof herunterfuhr, auf der Piazza Marconi einen großen Bogen zog und unmittelbar neben uns scharf abbremste. Ein sportlicher Feschak von 35 Jahren sprang aus dem Wagen, er war nach der neuesten italienischen Mode gekleidet, hatte die Sonnenbrillen ins dunkelbraune Haar hochgeschoben und strahlte über das ganze Gesicht, als würde ihm, indem er uns durch seinen Ort führen dürfte, ein lange gehegter Wunsch in Erfüllung gehen. Dies also war der berühmte Volksbildner, der dem »Dokumentationszentrum Lusern« vorstand, Symposien über die Lage der Minderheiten zwischen Baltikum und Baskenland veranstaltete, der Pädagoge, der »Moi earst libar« verfasst hatte, ein modernes zimbrisches Sprachlehrbuch. Vor allem aber schien er, der in jedem Werbefilm gute Figur gemacht hätte, der Schlüsselwart von Lusern zu sein, denn gleich zog er einen großen Schlüsselbund heraus und fragte: Wo sollen wir anfangen? Als erstes schloss er das schmiedeeiserne Tor des Hauses »Prükk« für uns auf, eines aus hellen, unregelmäßigen Steinen gemauerten, unverputzten Hauses, das die

Gemeinde Lusern originalgetreu nach dem Vorbild der alten Bauernhäuser errichtet hatte: im Erdgeschoß der Stall, darüber die rauchige »Khuchl« mit der offenen Feuerstelle und daneben zwei kärglich ausgestattete »Schlafkhammarn« für alle zwölf Menschen, die ein solches Haus früher bewohnten.

Fiorenzo hatte eine flinke Auffassungsgabe und verband auf charmante Weise Leidenschaft und Selbstironie. Er sprach sich in einem rasanten Kauderwelsch aus Italienisch, Deutsch und Zimbrisch immer neu in Begeisterung, bis er selber darüber zu lachen begann, dass er uns etwas gar so dramatisch dargelegt hatte. Stolz zeigte er uns seine Fibel, erklärte, wie wichtig es sei, dass jetzt endlich, zum ersten Mal in der achthundertjährigen Geschichte der Zimbern, ein zimbrisches Lehrbuch für jene vorlag, die gerade Lesen und Schreiben lernten; tausend Stück davon hatte das »Dokumentationszentrum« vorsorglich gedruckt. Selber angetan von der Höhe der Auflage, fügte Fiorenzo nach einer Weile hinzu, dass es in Luserna gerade noch drei Kinder im Kindergarten- und fünf im Volksschulalter gebe, und zwei davon seien seine eigenen; als er auch das gestand, begann er hellauf zu lachen. Den jungen, über seine eigenen Illusionen lachenden Mann vor mir, musste ich an die beiden Alten im Albergo all' Amicizia in Roana denken, fröhliche Untergeher der eine wie die anderen, Menschen ohne Grimm, begabt dafür, sich eine Sache ganz zu eigen zu machen und nicht zu verbittern, dass für sie keine Aussicht auf Erfolg besteht.

Im großzügigen »Dokumentationszentrum Lusern«, das Museum, Konferenzräume und Buchhandlung vereint, sagte Fiorenzo, dass es mit Lusern und dem Zimberntum etwas seltsam sei. Seltsam nämlich, dass die Zimbern sich ausgerechnet in Lusern behaupten konnten. Denn bis sie hierher kamen, hatten sie einen langen Weg hinter sich zu bringen.

Die sieben Gemeinden waren schon über ein Jahrhundert besiedelt, als ein deutscher Bischof und Grundherr Bauern aus Sleeghe, Robaan, Ghènebe und Vüütze mit großen Versprechungen in die Ebene von Lafraun und Vielgereut lockte, wo er mit riesigen, doch ungenutzten Gütern belehnt worden war. Und es dauerte wieder seine Zeit, bis auch im neugegründeten Hauptort Lafraun ein solcher Überschuss an Menschen herrschte, dass sich von dort etliche aufmachten, um hier, im entlegensten Eck, Lusern zu gründen, gewissermaßen die Tochtergemeinde einer Tochtergemeinde. In Lafraun zeugte nichts mehr davon, dass es einst von Zimbern gegründet wurde, schon Sigmund Freud, der gerne dort weilte, schätzte Lovarone als einen der nobelsten italienischen Kurorte. Und in den sieben Gemeinden, ach, wir hätten es ja selbst gesehen, gab es auch nicht mehr viel Zimbrisches zu entdecken. Ausgerechnet in Lusern aber, wohin sie am spätesten gekommen war, hatte sich diese Sprache erhalten, die in der Lessinia, in der Hochebene von Asiago und hier, in den Hochebenen von Folgaria und Lavarone, einst von vielen Zehntausenden gesprochen wurde.

Als er die Zehntausende erwähnte, aus denen ein paar Hundert geworden waren, warf er mir unversehens einen geradezu erschreckten Blick zu, als fürchtete er, mir mit seinen Grübeleien die Stimmung verdorben zu haben. Ihr braucht nicht traurig zu sein, sagte er, ihr braucht nicht traurig zu sein, dass wir nur mehr so wenige sind!

So getröstet, verließen wir anderntags das Land der Zimbern.

Auf der Suche nach den Karaimen –
Eine litauische Reise

I

An den Karaimen bin ich aber gescheitert. Zwei Jahre lang las ich alte Bücher und neue Studien, theologische Artikel und politische Abhandlungen, korrespondierte ich mit frommen Gelehrten, romantischen Nationalisten und skeptischen Historikern, bis mir alles so unklar war, dass ich beschloss, nach Litauen zu fahren und die Karaimen selber zu suchen.

Die Raugyklos gatvė ist eine merkwürdige Straße, die aus der Altstadt von Vilnius bis ins Bahnshofsviertel reicht und dort in die Ringstraße mündet, die unter verschiedenen Namen das Stadtzentrum umrundet. Nicht exakt parallel zur Raugyklos führt zwei Straßenzüge weiter östlich die Aušros Vartų gatvė, die schönste Straße dieser schönen, zuweilen etwas düsteren Stadt zum letzten Stadttor, das sich aus dem Mittelalter erhalten hat. Gotteshäuser verschiedener Konfessionen sind hier auf engem Raum versammelt, das verfallende Kloster, in dem noch immer die griechisch-katholischen Mönche des sonst fast ausgestorbenen Basilianer-Ordens fasten und beten, die imposante russisch-orthodoxe Heiliggeist-Kirche, die frühbarocke katholische St. Theresienkirche und das Kloster der »barfüßigen Karmeliterinnen«, deren Name auf keine Heilige zurückgeht, sondern auf den Berg Karmel in Palästina, und die sich als »Schwestern der seligen Jungfrau Maria vom Berg Karmel« bezeichnen.

In der Raugyklos geht es rauer zu als in der Aušros Vartų gatvė. Am oberen Ende der Straße ragt ein großes, wie gerade erst aus Geschenkpapier ausgepacktes Gebäude vom Anfang des 20. Jahrhunderts in die Höhe, das Hotel Conti, eines der vornehmsten Hotels im ganzen Baltikum. Auf das Conti, vor dem livrierte Diener standen, als ich an einem strahlend kalten Oktobertag vorbeizog, folgten etliche Häuser, die so baufällig waren, dass ihre Balkone mit Seilen gesichert waren. Ein nobler Friseursalon, dessen Eingang und Auslagen auch in einem schicken Londoner Viertel nicht anders ausgesehen haben würden, hatte erst kürzlich im Parterre eines Hauses eröffnet, von dem man sonst hätte annehmen müssen, dass es bald abgerissen werde. Weiter unten in der Straße reihten sich schmucke Stadthäuser aus der Gründerzeit aneinander, die bereits tadellos restauriert waren. Kein Zweifel, die Investoren des Conti rechneten damit, dass bald die ganze Straße saniert und ihr Luxushotel nicht unpassenderweise in einem Abrissviertel stehen werde. Im Haus mit der Nummer 25 befand sich das Büro der »Karaim Cultural Society«, mehrere Mails waren zwischen der Sekretärin des Vereins und mir hin und her gegangen, mein Besuch war angekündigt, und ich wurde für elf Uhr erwartet.

Das Merkwürdige war, dass es an der Raugyklos gatvė kein Haus mit der Nummer 25 gab. Stattdessen stand dort, wo ich der Zählung zufolge die ersten Karaimen treffen würde, die mir aus der Unsicherheit helfen sollten, in die ich durch meine karaimischen Studien geraten war, ein Haus ohne Nummer, aber mit einer Tafel, die darauf hinwies, dass hier die Hare-Krishna-Jünger eingezogen waren; auf der anderen Seite eines verwilderten Gartens war vor einer kleinen Lagerhalle ein klappriger Lkw mit der deutschen Aufschrift »Täglich frisch vom Bäcker« abgestellt. Auf der Rampe der Halle saß neben einem Stapel mit Kisten ein langhaariger, kräftiger Arbeiter und biss abwechselnd von dem Brotwecken ab, den er in der rechten, und dem großen Stück Wurst, das er in der linken Hand hielt. Ihn fragte ich, wo ich hier den Kulturverein der Karaimen finden könne. Er antwortete prompt auf Englisch, dass öfter welche kämen, die sich danach erkundigten, und dass er sie immer in das Haus gegenüber schicke: »But I have never seen someone who returned.« Damit hatte er das Gespräch abgebrochen und wandte sich gleichmütig wieder seiner Jause zu. Ich ging zum Haus gegenüber, klopfte ans Tor, öffnete nach einer Weile, sah in einen düsteren Schlund, machte ein paar Schritte ins Finstere; kein Lichtschalter war zu entdecken, kein Laut zu hören. Hier waren auch die Hare-Krishnas längst wieder ausgezogen. Das Haus roch nach Katzendreck, Schimmel, Moder und war verlassen. Ich ging hinaus, überquerte den Garten mit seinem wuchernden Unkraut und kam wieder bei der Lagerhalle vorbei, wo der Arbeiter immer noch gewissenhaft malmte. Er musterte mich aufmerksam und zuckte nicht mit der Wimper, obwohl ich ihn so streng ins Auge fasste, wie ich nur konnte.

2

Litauen ist ein Staat mehrerer Nationalitäten, von denen die Karaimen die kleinste sind. Sie werden auch Karäer genannt, und wer sich mit ihrer Sache unter religiösem Aspekt beschäftigt, wird sie in theologischen Handbüchern am ehesten unter der Bezeichnung Karaiten finden. Aber schon das ist fraglich, denn es gibt jüdische Theologen in aller Welt und Karaimen in Litauen selber, die es für einen Irrtum halten, die Karaimen und Karäer mit den Karaiten zu identifizieren, verstehen diese sich doch als religiöse, jene als ethnische Gruppe. Andere wiederum erklärten mir, dass es zwischen beiden nicht den geringsten Unterschied gebe und Karaiten nur das aus dem Hebräischen kommende, im Englischen gebräuchliche Wort für Karaimen oder Karäer sei, die sich selber überdies in ihrer eigenen Sprache Karaylar nannten.

Karaiten, Karaimen, Karäer, Karaylar? Lauter verschiedene Bezeichungen für dieselben Leute – oder Begriffe, die von fortgesetztem Missverständnis, von der Konfusion religiöser und ethnischer Traditionen zeugten? Zahllos sind die Legenden, die die Herkunft der Karaimen bald ins achte vorchristliche Jahrhundert verlegen, als sie in Mesopotamien aus der Gemeinschaft der jüdischen Stämme ausbrachen, oder die sie mit den mythenumwobenen Chasaren in Verbindung bringen, dem Reitervolk, das sich im achten Jahrhundert nach Christus in Südrussland zum Judentum bekehrte.

Die Karaiten im religiösen Sinne sind eine jüdische Sekte, die sich einzig auf den Pentateuch, die fünf Bücher, die Gott Moses geoffenbart hat, berufen. Nur die Thora lassen sie gelten, den Talmud und alle späteren Kommentare lehnen sie als verfälschenden, ja gotteslästerlichen Zusatz ab. Ihnen vorangegangen sind darin die Ananiten, die sich auf den jüdischen Gelehrten und Erweckungsprediger Anan bin David bezogen, der in Bagdad im achten Jahrhundert mit der rabbinischen Tradition brach und jeden, der ihm zu folgen bereit war, auf den erstaunlichen Satz verpflichtete: »Forsche gründlich in der Thora und verlasse dich nicht auf meine Meinung.« Die Ananiten, die der herrschenden Priesterklasse vorwarfen, Gottes Wort durch ihr eigenes verdrängt zu haben, gründeten ihren Glauben und ihr Leben strikt auf der Thora und deuteten auch alle 613 dort erwähnten Gebote ausschließlich aus der Thora selbst.

Nach Anans Tod zerfiel seine, man könnte sagen, zugleich obrigkeitskritische und radikal orthodoxe Bewegung in zahllose Sekten, von denen eine die Karaiten waren, die in den

In Trakai

folgenden Jahrhunderten Gemeinden in Jerusalem, Ägypten, Arabien und vielerorts im byzantinischen Reich wie auf der Krim, in Konstantinopel selbst, in Bulgarien, Mazedonien, auf dem Peloponnes, aber auch in Russland, in Ungarn und im Großfürstentum Halitsch, aus dem später das österreichische Galizien wurde, bildeten. Die Feindschaft zwischen den Karaiten und dem Hauptstrom des rabbinischen Judentums war so groß, dass in Konstantinopel um ihr Viertel eine Mauer gezogen werden musste, nicht um sie vor dem Angriff der orthodoxen Christen, sondern vor dem der rabbinischen Juden zu schützen.

1945 hatten die Karaiten ihre größte Gemeinde in Kairo, wie sie überhaupt mit den Muslimen oft friedlicher zusammengelebt hatten als mit Juden und Christen. Diese und viele andere Gemeinden wurden zum Opfer des Konflikts zwischen den arabischen Staaten und Israel, sodass ihre Mitglieder vertrieben wurden und sich in Israel ansässig machten, wo heute etwa 15 000 Karaiten leben und dort, wiewohl sie äußerst fromm sind, als Juden ohne jüdische Glaubenszugehörigkeit gelten. Karaiten leben aber auch auf der Krim, in einzelnen polnischen und ukrainischen Städten, in Paris und Marseille und in den USA.

Und, ja natürlich, Karaiten gibt es auch in Litauen. Aber dort wollen viele der Karäer, Karaimen oder Karaylar, wie immer sie hier genannt werden und sich selber nennen, nicht nur keine frommen Karaiten, sondern überhaupt keine Juden sein.

3

Den Termin in der Karaim Cultural Society hatte ich versäumt, und weil mir kein Karaime, mit dem ich in den nächsten Tagen in Vilnius zusammensaß, Genaueres zu berichten wusste, begann ich zu zweifeln, ob es diese Gesellschaft überhaupt gab und ob ihre Tätigkeit sich nicht darauf beschränkte, über eine Internetadresse periodisch Nachricht von ihrer virtuellen Existenz zu geben.

Da ich keine anderen Termine für diesen Tag vereinbart hatte, schlenderte ich durch die Altstadt, in der ich auch eine Karaimų gatvė entdeckte, um jenseits der Neris, des großen Flusses, nach einer Stunde bei der Kenesa Karaimų anzukommen. Das also war der Tempel, die von niemandem so bezeichnete Synagoge, das Gebets- oder Gemeindehaus der Karaimen! Es war kalt, und im blitzenden Licht des Mittags nahm sich das nicht allzu große Gebäude mit seiner sandbraunen, rosaroten und blauen Fassade und all den Ornamenten aus, als sei ein Stück maurischer Architektur mit Elementen des baltischen Jugendstils versetzt worden. Die Kenesa war geschlossen, und keine Tafel verriet, wann sie wieder öffnen würde. Ich ging um den Bau herum und betrachtete ihn so lange, bis ich einem Mann von etwa dreißig Jahren auffiel, der auf der anderen Straßenseite vor seinem Haus stand und, wie es schien, nichts Besseres zu tun hatte, als neugierig zu beobachten, wie lange mein Interesse an der Kenesa, die versperrt war, anhalten würde.

Endlich kam er herüber, nickte freundlich, eine Angewohnheit, die ein Tick bei ihm war, denn er hörte, selbst wenn er eine Frage von mir verneinte, nicht damit auf. Er hatte einen schütteren, farblosen Haarkranz, ein rundliches Gesicht mit wässrigen blauen Augen und war für die Jahreszeit viel zu dünn bekleidet. Vielleicht war er nur kurz vor sein Haus getreten, um die Zeitungen der letzten Woche in den Altpapiercontainer zu werfen, aber wiewohl es ihn fröstelte und er die Hände in die Hosentaschen steckte, blieb er geduldig an meiner Seite, um zu erfahren, warum ich mich gerade für dieses Haus interessierte, und mir zu erklären, was es mit ihm auf sich hatte.

Nein, das sei keine Synagoge, sondern die Kenesa der Karäer. Ob ich wisse, dass die Karäer schon im 14. Jahrhundert nach Litauen gekommen seien, gerufen von Vytautas, einem der bedeutendsten Herrscher der litauischen Geschichte, dessen Großfürstentum damals von Litauen bis zur Krim reichte? Und aus der Krim habe Vytautas die Karäer auch nach Litauen mitgebracht, denn der Großfürst brauchte eine Palastgarde, die im Lande fremd war und auf die er sich verlassen konnte. Auf ihre karäische Wache haben sich nach ihm noch viele Großfürsten verlassen, wie auch immer ein paar Generäle des litauischen Heeres, egal welche Staatsform der Staat gerade hatte, Karäer gewesen seien. Wir standen im Wind und ich erhielt einen Kurzkurs in litauischer Geschichte, an dem der Lehrer seinen Gefallen zu haben schien, weil er an meinen beflissenen Zwischenfragen erkannte, dass er seinen pädagogischen Eifer nicht an einen Unwürdigen verschwendete.

Dieser Vytautas, nach dem in Litauen unzählige Straßen und Plätze benannt sind, hatte die Karäer von der Krim nach Litauen geholt, aber nicht nur die jüdischen Karäer, sondern zugleich mit ihnen auch die muslimischen Tataren, und in den sechs Jahrhunderten, die seither vergangen waren, seien sich Tataren und Karäer immer nahe geblieben, sogar die Sprachen, die sie mitgebracht hatten, seien einander so ähnlich, dass sie sich ohne Weiteres verstünden. Ja, fragte ich, sprechen die Karaimen und die Tataren denn noch ihre eigenen Sprachen? Da lachte mein Lehrer und verriet mir, dass ich damit an ein großes Geheimnis rührte, denn tatsächlich stehe es bei den Tataren schlecht um die tatarische Sprache und bei den Karäern oder Karaimen sicher nicht besser mit der ihren, eher noch schlechter, denn es gebe immerhin fünftausend Tataren in Litauen und sie stellten sogar einen eigenen Abgeordneten im Parlament, die Karäer aber, du meine Güte, die zählten vielleicht noch dreihundert oder höchstens fünfhundert Menschen im ganzen Land.

Jetzt war die Gelegenheit gekommen, den freundlichen Mann, dem der kalte Wind längst in die Knochen gefahren sein musste, zu fragen, ob er womöglich selber einer von diesen sei. Nein, nickte er, ich bin Weißrusse, und lachend fügte er hinzu, dass er natürlich kein Weißrussisch mehr spreche, obwohl es doch sicher 50 000 Weißrussen in Litauen gebe und die Grenze zu Weißrussland nicht weit sei. Wenn die Tataren nicht mehr Tatarisch können, warum fühlen sie sich dann noch als Tataren? Wegen der Religion, sagte der Weißrusse, der nicht sonderlich darunter zu leiden schien, dass er nicht Weißrussisch sprach, wegen der Religion, sie sind unsere einzigen Muslime, dadurch unterscheiden sie sich! Und die Karaimen, drängte ich ihm die Antwort auf, die sind in diesem katholischen Land ebenfalls wegen ihrer anderen Religion sechshundert Jahre lang Karaimen geblieben? Nein, nickte er zögernd, nicht so sehr wegen der Religion, sondern wegen der Familie.

»Wegen der Familie?«

»Ja, wegen der Familie, der Erinnerung an die Vorfahren. Und wegen der Tataren.«

»Warum um Himmels willen wegen der Tataren?«

»Weil sie zusammen mit ihnen gekommen sind, natürlich, und solange es Tataren gibt, muss es auch Karaimen geben!«

»Warum?«

»Weil sie sich sonst doch als die schlechteren Menschen erweisen würden!«

Wir standen schon eine halbe Stunde an der zugigen Liubarto gatvė beisammen; vielleicht weil ich ein ungläubiges Gesicht machte und er zum ersten Mal an meiner Auffassungsgabe zweifelte, reichte mir mein junger Lehrer unversehens die Hand und kehrte auf die andere Seite der Straße zurück. Und die Weißrussen, wollte ich ihm nachrufen, warum fühlen sie sich als Weißrussen, wenn sie doch kein Weißrussisch sprechen? Auch wegen der Familie und wegen der Erinnerung? Unentschieden nickte er mir über die Autos hinweg ein letztes Mal zu, dann verschwand er im Tor eines mehrgeschossigen Hauses.

4

Die Tochter von Doktor Markas Lavrinovičius öffnete die Tür und ließ mich, kaum dass ich am Wohnzimmertisch Platz genommen hatte, wissen, dass vor mir schon Reporter des italienischen Fernsehens und dänische Journalisten ihrem Vater die Aufwartung gemacht und alle dieselben Fragen gestellt hätten. Um mich nicht als dänischer oder italienischer Idiot zu erweisen, stellte ich vorsorglich gar keine Frage und konzentrierte meine Kräfte darauf, das Schweigen, das sich ausbreitete, länger auszuhalten als meine Gastgeber. Die Familie wohnte im Stadtteil Lardynai im Westen von Vilnius, einem hügeligen, von großen Parks umgebenen Viertel, das einst für höhere Beamte angelegt worden und mittlerweile ziemlich heruntergekommen war. Die Wohnblocks an der Erfurto gatvė witterten schäbig dahin, die großzügig angelegten Grünflächen zwischen den zu Höfen geordneten Häusern waren mit Unrat und Abfall übersät und die meisten Geräte auf den Kinderspielplätzen demoliert. Das ganze Viertel schien nicht mehr allzu weit davon entfernt zu sein, ein Slum zu werden.

Doktor Lavrinovičius wohnte im obersten Stock, und als ich aus dem mit obszönen Sgraffiti und überregional verständlichen Schriftzügen (»Raza bitch fuck every!«) beschmierten Stiegenhaus in seine Wohnung trat, geriet ich in eine andere, bürgerlich wohlgeordnete Welt. Ich fragte mich, ob es in diesen Häuserblocks viele solcher Bewohner gab, die in ihren eigenen Wänden dem allgemeinen Vandalismus, der hier längst regierte, mit so gediegener Wohnkultur trotzten. Wir saßen in einem gemütlichen Wohnzimmer, tranken den Tee, den die Gattin des Gelehrten im Samowar zubereitete, und schwiegen eine anstrengende Weile: Wir, das waren der Doktor, ein Mann von siebzig Jahren mit einem gepflegten weißen Schnauzbart, großer Brille und soigniertem Äußeren, seine Frau, eine feine ältere Dame, die man sich gut in einem aristokratischen Teesalon des alten St. Petersburg vorstellen konnte, ihre vielleicht dreißigjährige Tochter, die seidig dunkles Haar, grüne Augen und schmale Lippen hatte, und ich. Wir hätten ewig so sitzen können, in der Ferne war das Signalhorn eines Rettungswagens oder der Feuerwehr zu hören, und im Zimmer knirschte es leise, wenn wir aus Verlegenheit in die bereitgestellten Biskotten bissen. Kurz bevor das Schweigen schmerzhaft wurde, lächelte Doktor Lavrinovičius plötzlich, wandte sich auf Russisch an seine Tochter, die mir prompt seinen Wunsch übersetzte und sich das ganze Gespräch über auf die Rolle der Dolmetscherin zurücknahm: »Let us begin.«

Lavrinovičius, Träger der Ehrenmedaille des litauischen

Großherzogs Gediminas, verdienter Wissenschaftler der Elektrotechnik und Lexikograph der karaimischen Sprache, arbeitete in den Jahren seiner Pension an einer vergleichenden Grammatik des Karaimischen, Türkischen und Russischen. Er war mir als ausgezeichneter Fachmann der karaimischen Sprache empfohlen worden, doch diese Verbindung verblüffte mich. Auf das Russische wollte er nicht verzichten, weil es für ihn offenbar die Mutter-, jedenfalls die Kultursprache seines Lebens war, wie er sich mit Frau und Tochter auch stets auf Russisch unterhielt. Das Türkische und das Karaimische wiederum, belehrte er mich, waren eng miteinander verwandt, denn das Karaimische zählte zu den Turksprachen, und zwar zur kleinen kypčakischen Untergruppe dieser Sprachen, zu denen außerdem das Tatarische, Čuvašische und Baškirische gehörten. Die Karaimen kommen ja von der Krim, rief mir der alte Herr mit seiner wohltönend sonoren Stimme in Erinnerung, und der Turkcharakter ihrer Sprache erkläre sich damit wie von selbst.

Des Langen und Breiten legte er mir das Prinzip der agglutinierenden Sprachen dar, bei denen die besondere Rolle, die ein Wort im Satz spielt, durch Nachsilben fixiert wird, sodass die Substantive, je nachdem in welchem Fall sie verwendet werden, immer längere, für unsere Ohren monoton klingende Nachsilben an den Wortstamm angehängt bekommen. Selbstverständlich tauge das Karaimische dazu, alle Dinge des modernen Lebens zu benennen, versicherte Lavrinovičius, allerdings gebe es, zum Nachteil der Sprachentwicklung, keine moderne Literatur von Belang, und jahrhundertelang war diese Sprache ohnedies nur in liturgischen Büchern, Gebetssammlungen und dergleichen gedruckt worden.

Von wo sich das Karaimische die Wörter für die neuen Dinge hole, von denen doch jeden Tag ungezählte in die Welt kämen, wollte ich erfahren. Aus sich heraus, behauptete Lavrinovičius, und indem es sich Worte aus dem Türkischen, Litauischen, Russischen, Ukrainischen entlehne und dem eigenen System aneigne. Ob es stimme, fragte ich dann, dass aus alten Zeiten viele hebräische Worte im Karaimischen fortlebten. Da schüttelte der Sprachforscher traurig sein Haupt und meinte, derlei werde zwar oft behauptet und sei auch nicht falsch, bringe aber mehr Verwirrung als Aufklärung in unser Gespräch. Ich wunderte mich, was der renommierte Mann gegen hebräische Wörter im Karaimischen haben konnte, und fragte deswegen nach, ob die Karäer denn keine Juden seien.

Er schüttelte den Kopf heftiger und sagte lange nichts. Dann fragte er, mit einem listigen Unterton, der gar nicht zu ihm passte, ob denn die Christen Juden seien? In gewissem Sinne schon, antwortete ich, nur wüssten es die meisten nicht. Kaum hatte ich das gesagt, schaute mich die Tochter so verwundert an, dass sie mich gewiss nie mehr mit einem dieser Italiener oder Dänen verwechseln würde. Mit einem Mal fühlte ich mich sehr wohl in dem gut beheizten, gemütlichen Zimmer, mit dem Samowar, dem Tee und dem Gebäck, dem Luster und den Familienfotos an der Wand. Ja, sagte Lavrinovičius anerkennend, in dem Sinne, wie Christen Juden seien, könne man auch die Karaimen als Juden bezeichnen. Und weil ich es mir verdient hatte, fuhr er fort:

»Wissen Sie, dass wir Karaimen Jesus und Mohammed als Propheten anerkennen? Und dass wir in unserer Geschichte fast immer einträchtig mit Muslimen zusammengelebt haben und uns niemand näher steht auf der Welt als die Tataren?«

»Ja, aber als Menschen welchen Glaubens? Des jüdischen oder des christlichen?«

Ich merkte, ich hatte den Kredit, der mir gerade erst eingeräumt worden war, schon wieder verspielt. Was haben Sie nur immer mit den Christen und den Juden, fragte der Doktor verärgert. »Die Karaimen sind Karaimen.«

5

Später am Abend, als ich in meinem Hotel saß und darüber nachdachte, was ich bisher in Erfahrung hatte bringen können, musste ich das Ergebnis in den Satz fassen: »Die Karaimen sind Karaimen sind Karaimen.« Und überdies sind sie natürlich Litauer oder Ukrainer, Frauen und Männer, Junge und Alte, Blöde und Gebildete, Dicke und Dünne, reizende, langweilige, arrogante, liebenswürdige Leute ... Konnte ich es nicht dabei belassen? Was einer ist, welcher Gemeinschaft er sich zugehörig fühlt, oder überhaupt einer, das muss doch jedem als Recht, seine Identität so zu entwerfen, wie er es will, vorbehalten bleiben! Nur interessierte mich, worin außer in der Tautologie die Selbstbehauptung der Karaimen denn gründete, einer Gruppe, die in Litauen nie mehr als ein paar Tausend Leute gezählt hatte und sich immer noch als eigene Gruppe innerhalb der litauischen Nationalitäten identifizierte, ja diesen Status zu Zeiten des vereinten Großfürstentums Litauen und Königreichs Polen ebenso bestätigt erhalten hatte, wie er ihr heute amtlich bestätigt wird. Wenn sie sich als Angehörige einer eigenen Sprachgruppe verstanden hätten, würde mir der Sachverhalt eingeleuchtet haben; aber die meisten Karaimen sprachen kein Karaimisch mehr, schon ihre Großeltern hatten über all dem Russischen, Polnischen, Litauischen, Weißrussischen, Ukrainischen das Karaimische nach und nach vergessen. Wenn sie sich als Angehörige einer religiösen Sekte empfunden hätten, ihrer selbst durch die treue

Anhänglichkeit an uralte Riten und Zeremonien bewusst geblieben wären, mir wäre es leichter gefallen, nachzusprechen, dass die Karaimen eben Karaimen eben Karaimen waren. Aber die meisten von ihnen, die ich traf, lehnten es nicht nur ab, als Juden zu gelten, sondern bezeichneten sich zudem wie Lavrinovičius als unreligiös. Die Sprache verloren, die Religion aufgegeben – was bringt diese Menschen des 21. Jahrhunderts dazu, sich dennoch auf Vorfahren zu beziehen, von deren Kultur, Sprache, Religion sie sich abgewandt haben?

Ehe ich ihn und seine Familie verließ, war Lavrinovičius noch auf eine Geschichte zu sprechen gekommen, von der ich schon einiges gehört hatte, und als er davon anfing, hoffte ich vergeblich, er werde sie mir anders erzählen, als sie mir bekannt war. Zu Zeiten Mussolinis war ein italienischer Anthropologe auf Forschungsreise nach Litauen und auf die Krim gegangen. Er hatte dort tüchtig Schädel vermessen, Nasen überprüft, die Winkel von Stirn und Wangen berechnet und daraus den Schluss gezogen, dass die Karaimen keine Juden seien. Ich fühlte mich frei von der Versuchung, irgendwen auf der Welt oder in diesem Wohnzimmer in Vilnius, der kein Jude sein wollte, zum Juden zu erklären, aber der Eifer, mit dem sich der aufgeklärte, geradezu durchgeistigt wirkende Mann auf Rasseforschungen der dreißiger Jahre berief, befremdete mich doch. Und ebenso positiv wie auf die rassekundlichen Vermessungen des italienischen Anthropologen bezog sich Lavrinovičius, bezogen sich in den nächsten Tagen noch etliche andere Karaimen auf die Tatsache, dass im Berlin des Dritten Reiches am Universitätsinstitut für Turkologie auch karaimische Vorlesungen abgehalten wurden. War das etwas, auf das man sich sechzig Jahre nach dem Holocaust stolz berufen durfte, um einem Fremden wie mir und offenbar auch sich selber die eigene Identität zu beweisen?

6

Wem eine starre, unwandelbare Identität zugeschrieben wird, für den hat das meist unangenehme Folgen; für die Juden aber waren die Folgen im 20. Jahrhundert lebensgefährlich, nein, todbringend. Nirgendwo in Europa wurde der Holocaust mit so rasanter Effizienz durchgeführt wie in Litauen. Es dauerte nur wenige Wochen, bis fast alle Juden von Vilnius, die diese Stadt als Jerusalem des Nordens bezeichnet und vor dem Krieg ein Drittel der Einwohner gestellt hatten, ermordet waren. Das konnte nur geschehen, weil sich unter den Einwohnern der Stadt Helfershelfer fanden, die sich den Anordnungen der deutschen Besatzer begeistert fügten und ihre Nachbarn hinaus in die die Stadt umgebenden Wälder trieben, wo sie erschlagen, erschossen, in Gruben geworfen wurden. 200 000 Juden Litauens überlebten den Krieg nicht, und die jüdische Gemeinde zählt heute zu den kleinsten in allen Ländern Ost- und Mitteleuropas.

Dass die Karaimen trachteten, von den Nationalsozialisten nicht als Juden eingeschätzt zu werden, als die sich viele von ihnen auch gar nicht fühlten, ist also nur zu verständlich. Und verständlich ist auch, dass namhafte Vertreter der karäischen Gemeinden es von den deutschen Behörden amtlich bestätigt haben wollten, dass sie für diese keine Juden seien und mit Verfolgung nicht zu rechnen hätten. Am 5. Januar 1939 erging von der »Reichsstelle für Sippenforschung« der Bescheid, dass die Karaimen rassisch nicht als Juden, sondern als Angehörige eines versprengten Turkstammes anzusehen und daher von den gegen die Juden zu ergreifenden Gewaltmaßnahmen auszunehmen seien.

Man kann sich die Zwangslage vorstellen, in die nach der deutschen Besetzung Polens und Litauens Sheraya Szapsal (in manchen Quellen auch als Šapšala bezeichnet) geriet, als die Besatzer von ihm eine Liste verlangten, auf der er namentlich alle Angehörigen der Volksgruppe der Karaimen oder Karäer oder Karayler anzuführen hatte. Szapsal war Professor für Orientalistik und zudem Hachan, Hohepriester der Karaimen. Je nachdem, wie man die Sache betrachtet, war das, was er endlich den deutschen Herren über Leben und Tod übergab, eine Überlebens- oder eine Todesliste. Wer auf ihr stand, galt nicht als Jude, sondern als Karäer und war gerettet, wer nicht auf ihr stand und Jude war, wurde damit der Vernichtung übergeben.

Szapsal oder Šapšala, der 1961 in biblischem Alter starb, ist nach 1945 der Vorwurf der Kollaboration gemacht worden – wie die Karaimen überhaupt in diesen Ruch kamen, denn auf der Krim hatten die Nationalsozialisten tatarische Bataillone aufgestellt, in denen auch einige Hundert Karaimen dienten. Der in den USA lebende, strenggläubige Nehemia Gordon hat diesem Vorwurf widersprochen und betont, dass jene Liste auch Juden enthielt, die zweifellos keine Karaimen waren, und es Szapsal so, zwar durch erpresste Zusammenarbeit, gelungen sei, eine unbestimmte Zahl von Juden, jedenfalls einige Hundert, vor der Vernichtung zu retten. Einer von ihnen war Mordechai Tenenbaum, ein zionistischer Aktivist, dem es gelang, unter karaimischer Identität während des Krieges durch Litauen und Polen zu reisen und den Aufstand im Ghetto von Białystok zu organisieren. Zur selben Zeit, da Karaimen in den tatarischen Legionen der Waffen-SS dienten, sind Karaimen dem Massaker im ukrainischen Babi Jar zum Opfer gefallen, galten sie doch ihren ukrainischen Nachbarn und den dort eingesetzten, von der Berliner Reichsstelle für Sippenforschung nicht instruierten Verbänden der SS – als Juden.

Kein Jude, den ich in Litauen auf sie ansprach, hat sich verächtlich über die Karaimen geäußert. Wer sie seien, darüber gingen die Meinungen jedoch auseinander. Türken, wusste einer, der mich im Haus der Toleranz, in dem eine ständige Ausstellung über die Geschichte der Litvaks, der litauischen Juden, gezeigt wird, vor einer Schautafel angesprochen hatte. Andere hielten sie für abgefallene Juden, die im Lauf der Jahrhunderte ihre eigene Geschichte vergessen und durch allerlei Legenden ersetzt hatten. Und ein älterer Herr, der erst seit ein paar Jahren wieder in Litauen lebte, zur Sicherheit aber, wie er eigenartig verschmitzt hinzufügte, mit einem kanadischen Pass, erklärte mir, die Karaimen seien eine bibelfeste Sekte, ähnlich den »Altgläubigen« in Russland, die von den Zaren abwechselnd verfolgt und toleriert wurden. Die Altgläubigen (die neuerdings in Russland wieder Zulauf erhalten) waren aber eine streng pazifistische Sekte, deren Mitglieder den Wehrdienst auch bei Strafe verweigerten; die Karaimen hingegen waren als militärische Kaste nach Litauen gekommen und hatten die Privilegien, die ihnen verschiedene Großfürsten erteilten und die ihnen bis ins 19. Jahrhundert immer wieder erneuert wurden, gerade ihrem militärischen Status und der Zuverlässigkeit zu verdanken, mit der sie den Herrschern als Offiziere, Leibwache, Palastgarde dienten.

7

Der Bus war vom Busbahnhof in Vilnius morgens kurz nach neun Uhr abgefahren. Er hatte 15 Sitzplätze, zählte aber 24 Fahrgäste, die alle nach Trakai wollten. Ich war offenbar der einzige Ausländer unter ihnen, und als ich herumschaute, fiel mir auf, dass es die betagten Fahrgäste waren, die stehen mussten, während die Sitzplätze ausnahmslos von den jüngeren belegt waren, die mit verdrossener Miene vor sich hin oder zum Fenster hinaus starrten. Ich überlegte eine Weile, ob es zuträglich sei, demonstrativ einem der Pensionisten Platz zu machen, oder ob es nicht vielmehr angemessen wäre, mich bescheiden entsprechend dem hierorts Üblichen zu verhalten. So überlegte ich, bis eine alte Frau, die mit beiden Händen schwer an Taschen trug, die mit Lebensmitteln von einem Großmarkt angefüllt waren, bei einer Kurve auf mich stürzte, sodass ich sie, als sie wieder auf den Beinen war, nötigte, statt meiner Platz zu nehmen, was sie mit einem geradezu erschreckten Gesichtsausdruck über sich ergehen ließ. Der Bus, der anfangs länger durch die ausfransenden Ränder der Großstadt gefahren war, zog dann vielleicht zwanzig Kilometer durch eine immer anmutiger werdende Ebene hin, bis er in das Seengebiet von Trakai gelangte und am südlichen Rand der Halbinsel hielt, auf der sich der Ort erstreckt.

Trakai ist nicht nur eine der ältesten Städte Litauens, sondern die Wiege der Nation. Dies war die Hauptstadt der Großfürsten, lange ehe sie Vilnius zu ihrer Residenz ausbauten, hier hatte der legendäre Vytautas seine Inselburg errichtet, die von den fromm dreinhauenden und brandschatzenden Rittern des Deutschen Ordens nicht eingenommen werden konnte, eine Burg, die auf einer Insel gegenüber der Stadt Trakai im Galvė-See steht und heute, vorzüglich instand gesetzt, ein großes Museum beherbergt und das Ziel zahlloser nationaler Pilgerfahrten ist. Als ich die Straße, die Trakai von Süd nach Nord durchquert, entlangging, konnte ich nach der einen oder der anderen Seite immer den See sehen, im Herbstlicht blinkte er zwischen den Häusern und Bäumen, und an mancher Stelle ist Trakai so schmal, dass ich den Galvė-, den Luka- oder den Totoriškiu-See rauschen zu hören meinte, als wäre ich nicht im Landesinneren des Baltikums unterwegs, sondern an der Ostsee angelangt.

Nach einigen Hundert Metern erreichte ich einen kleinen Platz, an dem die Säule des heiligen Nepomuk stand; hier machte die Straße eine Biegung nach links und erhielt einen neuen Namen. Aus der Vytauto gatvė wurde die Karaimų, die Gasse der Karaimen, wie Trakai selbst ein Ort der Karaimen war. Denn als Vytautas seine Inselburg baute, kein Schlösschen, sondern eine massive, in rotem Stein gehaltene Trutzburg im Wasser, rief er Karaimen von der Krim zu seinem Schutz hierher. 350 Familien sollen es gewesen sein, die sich 1397, ausgestattet mit allerlei Privilegien – steuerliche Entlastung, weitgehende Selbstverwaltung, eigene Gerichtsbarkeit und religiöse Freiheit – in Trakai sesshaft machten. Sie waren als Offiziere und Soldaten gekommen und ihre Kinder und Kindeskinder sind es geblieben, aber gerühmt wurden sie auch, weil die besten Ärzte des Großfürstentums von ihnen abstammten und weil sie Geschick zeigten, auf den landwirtschaftlichen Flächen, die ihnen zur Verfügung gestellt wurden, unbekannte Sorten von Obst und Gemüse zu kultivieren. Lutsk, das nach dem Zerfall des litauisch-polnischen Doppelstaates an Polen fiel und heute zur Ukraine gehört, und Trakai bildeten die Zentren der karaimischen Einwanderer, die sich aber auch in etlichen anderen Gemeinden, etwa in Pasvalys, Kruonis, Naujamiestis, Panevėžys ansässig machten.

In einem Buch der Historikerin Jurgita Šiaučiūnaitė-Verbickienė, die sich in ihren Forschungen mit den historischen Nationalitäten Litauens beschäftigt, war ich auf einen erstaunlichen Hinweis gestoßen. Bis zur Mitte des 17. Jahrhunderts wurden für die Nachfahren dieser Einwanderer die Bezeichnungen »Jude« und »Karaime« wechselweise und geradezu beliebig verwendet. Als König Carl XI. von Schweden 1690 den gelehrten Gustav Peringer nach Trakai entsandte, schilderte der Universitätsprofessor aus Uppsala, von dem die erste ethnographisch-kulturhistorische Arbeit über die litauischen Karaimen stammt, diese jedoch bereits als völlig eigenständige Gruppe, die religiös gemäß ihren eigenen Traditionen lebte, sozial einen starken inneren Zusammenhalt hatte und sich durch mancherlei Sitten und Gebräuche von den vielen anderen Gruppen des multinationalen Staates, den Litauen-Polen damals bildete, unterschied. Im 19. Jahrhundert scheint der Prozess, der die Juden von den Karaimen oder diese von jenen schied und sie auch von allen anderen religiösen und ethnischen Gruppen des Landes unterscheidbar machte, so weit fortgeschritten gewesen zu sein, dass die Karaimen allgemein für eine eigene Bevölkerungsgruppe galten, die über eine spezifische kulturelle, nationale, sprachliche, religiöse Identität verfügte. Ihre Gasse in Trakai, die Karaimų, steht heute unter Denkmalschutz. Baumbestückt führt sie bis ans nördliche Ende der Halbinsel, gesäumt von prächtigen Häusern aus Holz, die in leuchtendem Hellblau, Grün, Gelb gestrichen sind und zur Straße hin offene Gärten haben. An der anmutigen, zu dieser Stunde fast menschenleeren Straße brauchte ich nicht lange zu suchen, um das Haus mit der Nummer 22 zu finden, in dem ein ethnographisches Museum untergebracht ist.

8

Alvira Zagreckaitė strahlte. Kaum hatte ich das Museum betreten, sprang sie aus einem Kämmerchen, in dem sie auf den einen Besucher des Vormittags gewartet hatte, um ihn sogleich willkommen zu heißen. Sie holte, nachdem sie sich erkundigt hatte, ein Manuskript in deutscher Sprache hervor und begann, indem sie dieses nur manchmal mit einem verstohlenen Blick zu Rate zog, ausführlich über die Geschichte der Karaimen von Trakai und die einzelnen Ausstellungsstücke ihres Museums zu referieren. Sie war vielleicht 55, trug ein verschossen dunkelblaues, fast uniformartiges Kostüm, hatte schwarzes Haar, eine dicke Brille und sprach mit eindringlicher Stimme; jede Zwischenfrage nahm sie begierig auf, kaum ein Bedenken, das mich da und dort bei ihrem Vortrag überkam, vermochte ich ihr zu verbergen. Die Karaimen waren ihr offenbar Lebensinhalt und Lebensunterhalt, Objekt ihrer pädagogischen Leidenschaft und wissenschaftlichen Neugier, ihrer Sympathie und Sorge.

Sie führte mich vor das große Foto des Seraya Šapšala, wie sie ihn nannte, eines würdevollen Mannes mit grauem Bart, der auf dem Bild von 1920 ernst in die Kamera blickte. Der Priester der Karaimen werde von der Gemeinde gewählt und Hasan genannt, was Sänger bedeutet, und Šapšala war über Jahrzehnte nicht nur Hasan von Trakai, sondern auch Hachan gewesen, Oberpriester aller litauischen und polnischen Karaimen. Priester konnte nach karaimischer Tradition nur werden, wer verheiratet war, und auch Šapšala war verheiratet, doch er bekam keine Kinder und wurde stattdessen – so geradewegs verknüpfte Alvira Zagreckaitė die Dinge – der größte Sammler, den Trakai je gesehen hatte: Von überall her habe er Dokumente, alte Bücher, Gegenstände des rituellen Lebens und Alltagsgerät herbeigeschafft, und das meiste, das hier ausgestellt war, ging auf seine nie ermüdende Sammelleidenschaft zurück, wie auch das meiste, das sie heute von ihrer Geschichte wussten, auf die Karaimen von seinen Studien überkommen war. Dabei konnte Šapšala für einen freisinnigen Menschen gelten, der seine Karaimen auch auf die heidnischen Traditionen in ihrer gottesfürchtigen und bibeltreuen Überlieferung aufmerksam machte, etwa auf die Existenz eines Verfluchungsgottes, von dem alles Böse ausgeht. Ich schaute mir den Mann an, von dem ich so Widersprüchliches gehört hatte: dass er der Verräter, dass er der Retter der Juden war. Eine unantastbare Autorität schien er auszustrahlen, und abgesehen davon, dass es kein Aussehen gibt, das Kollaborateuren vorbehalten wäre, konnte ich ihn mir, so ernst, in sich ruhend, wie er mit Fes und Tallit dasaß, nie und nimmer als Opportunisten, gar als Kollaborateur vorstellen. Je länger ich ihn ansah, der mich mit einer vor achtzig Jahren für die Ewigkeit gebannten Würde ansah, desto inniger hoffte ich, der fromme Nehemia Gordon, der ihn verteidigte, habe darin Recht getan.

In einem der hinteren Zimmer des Museums stand eine schöne alte Wiege, eines jener Meisterstücke aus Holz, für die hohes handwerkliches Können und handwerkliche Liebe zu den Dingen vonnöten sind. Alvira Zagreckaitė erklärte mir, dass die Wiege in einem karaimischen Haus nur in dem Raum der Frau stehen und dass sie einzig mit Holznägeln gezimmert sein durfte; Metallnägel waren dem Sarg vorbehalten: Mit Holz wirst du begrüßt, mit Metall verabschiedet, Holz lebt, Metall versiegelt das, was lebendig war und nun tot ist und bei den Toten bleiben soll für immer. An manchen Gebräuchen, die sie aus wer weiß welcher Region auf ihre Wanderung in die Welt mitgenommen hatten, hielten die

Karaimen jahrhundertelang fest, und viele würden diesen Traditionen zu bestimmten Festtagen immer noch ihren Tribut zollen. Im Frühjahr, um Ostern herum, aßen sie eine Woche lang nichts Saures und Gekochtes, einzig Fladen und Gebratenes. Diese rituelle Diät brachen sie nach sieben Tagen mit einem Honigbrot, und dann erst war ihnen Saures und Gekochtes wieder erlaubt. Sieben Wochen später feierten sie so etwas wie »Pfingsten«; was sie bei diesem Fest eigentlich feierten, das wusste mir auch Alvira nicht genau zu sagen, nur dass es für jeden Haushalt, der auf sich halte, verpflichtend sei, der Familie und den Besuchern siebenlagigen Käsekuchen – für jede Woche eine Lage – anzubieten. Die rigiden Speisevorschriften der Karaimen ähnelten denen des orthodoxen Judentums, freilich vor allem darin, dass eben auch sie rigide waren.

Alvira Zagreckaitė war dankbar, mir die Schätze ihres Museums zeigen zu dürfen, sachte stellte sie alte Teller und Schüsseln vor mich hin, ganz leise wurde ihre Stimme dann, als wollte sie mich zur Vorsicht mahnen, das unersetzliche Gerät nur ja nicht unachtsam vom Tisch zu stoßen. Dann öffnete sie die Kästen, in denen Kleider und Mäntel verstaut waren, und machte mich auf die ornamentalen Verzierungen aufmerksam, mit denen das Gewand nicht anders als das Geschirr versehen war, auf die pflanzlichen Motive und geometrischen Formen, die die karaimische mit der islamischen Volkskunst verbanden. Einmal fragte sie unvermittelt: Waren Sie schon in Panevėžys? Ich verneinte mit der Bemerkung, vielleicht am Ende der Woche hinzufahren, und da legte sie mir, fast erschrocken, die Hand auf den Arm und sagte: Tun Sie das nicht!

Panevėžys hatte eine berühmte Kenesa gehabt, die der Modernisierung der Stadt nach dem sowjetischen Muster der

Im alten karaimischen Friedhof von Trakai

fünfziger Jahre zum Opfer gefallen war. Nicht dass die Karaimen in der Ära des Stalinismus besonders zu leiden hatten. Zu leiden hatten auch sie, aber daran war nichts Besonderes, denn sie wurden nicht wegen ihrer Religion, Kultur, Nationalität verfolgt und nicht über das in Litauen übliche Maß hinaus; dieses Maß, freilich, war unerhört, verschwanden im Jahrzehnt zwischen 1945 und 1955 doch mehrere Hunderttausend Menschen des drei Millionen zählenden Staates in Gefängnissen und Arbeitslagern. Dort, wo einst die Kenesa stand, wurde ein Boulevard durch ein altes Stadtviertel von Panevežys geschlagen, so recht geeignet, dass am Ersten Mai die Brigaden der Arbeiter zum Ruhme ihrer Partei und der brüderlichen Vormacht in Russland aufmarschieren konnten; heute markiert ein Stein an diesem sinnlos breiten Boulevard die Stelle, wo einst die Kenesa abgerissen wurde. Er trägt die Inschrift: Hier stand das Gebetshaus der Karaimen, und so, wie es mir Alvira Zagreckaite schilderte, musste es ein geradezu erschütterndes Erlebnis sein, ihn dort liegen zu sehen. Nein, fahren Sie nicht nach Panevežys!

Ich verabschiedete mich von dieser liebenswürdigen, von der Emphase ihrer Berufung wie erleuchteten Frau, als auch sie mir davon berichten wollte, dass ein italienischer Forscher den anthropologischen Nachweis geführt habe, dass die Karaimen keine Juden seien, und dass dereinst im Berlin der Nationalsozialisten karaimische Studien getrieben wurden.

9

Folgt man der Karaimų vom Museum in nördlicher Richtung, kommt man an vielen Holzhäusern vorbei, deren Schönheit etwas Schlichtes und Verfeinertes zugleich hat. Je weiter man gerät, desto schmaler wird die Halbinsel, bis sie endlich nur mehr ein paar Meter breit ist. Am Inselspitz stößt man auf ein Brücklein, auf dessen anderer Seite das Land sich wieder weitet. Nach wenigen Metern weist dort eine Tafel den Weg zum Senosios karaimų kapinės, zum Alten Karaimischen Friedhof, der im 15. Jahrhundert angelegt wurde.

Es war schon Nachmittag, als ich durch ein Tor schritt, von dem nicht zu erkennen war, ob es als geöffnet gelten durfte oder einfach nur kaputt war. Die Wiese dahinter führte in unwegsames Gelände, hoch standen Gras und Schilf, die Äste von Bäumen verrotteten vor sich hin, überall wuchs wildes Gesträuch, die Pfade zwischen den Gräbern waren überwachsen. Hier hatte schon lange niemand mehr nach den Toten gesehen. Die Grabsteine lagen weit verstreut, manche von ihnen fast eingesunken in den schweren, saftigen Boden, andere standen noch, schief, halb schon umgekippt und wie von einer unbekannten Kraft aufgefangen in ihrer Schräglage. Die Schriftzüge auf den Steinen waren nicht mehr zu entziffern, nur mehr als schwache Einkerbungen zu erkennen. An manchen Stellen war das Unkraut hüfthoch, sodass ich kaum weiterkam. Vom nahen See war der Schrei der Möwen zu hören, sonst lag der verwilderte Friedhof in vollkommener Stille.

Ich erinnerte mich, vor langer Zeit in einem alten Buch etwas über die karaimischen Totenbräuche in Galizien gelesen zu haben. Joseph Rohrer war ein aufgeklärter, von den Reformen Kaiser Josefs II. inspirierter Beamter, der im Alter von dreißig Jahren aus Wien nach Lemberg übersiedelte, wo er

Polizeikommissär wurde und das Land in ausgedehnten Fuß-märschen erkundete. In seinen in Briefform verfassten »Be-merkungen auf einer Reise von der Türkischen Gränze über die Bukowina durch Ost- und Westgalizien, Schlesien und Mähren nach Wien« berichtete er 1804 von einer »jüdischen Sekte, für welche ich in der Entfernung schon viel Ehrfurcht hatte«, denn was immer er von den Karaimen zu hören be-kam, es zeugte von der Rechtschaffenheit dieser Leute, die ge-wissermaßen aus dem Alten Testament heraus zu leben ver-standen. Nur in einem waren die Karaimen, für die er eine schwärmerische Vorliebe entwickelte, dem wackeren österrei-chischen Beamten fremd, ja unheimlich: Sie fürchteten nicht nur den Tod, sondern sogar den Anblick der Toten. Wer einen Toten sah, der galt ihnen für unrein, weswegen sie panisch die Sterbenden flohen. Ob Mutter oder Bruder, selbst das eigene Kind verließen die Karaimen, sobald sie es vom Tod gezeich-net wähnten. Die Leichen wuschen und kleideten sie nicht selber, den Sarg begleiteten sie nicht auf den Friedhof hinaus, dass sie es an ihrer Statt täten, entlohnten sie talmudische Ju-den aus der Nachbarschaft, und erst wenn Erde den Sarg be-deckte, wagten sie, näher zu treten und um den Verstorbenen zu trauern. Zu Hause aber musste im Zimmer, in dem der Kranke oder Alte gestorben war, die Farbe von den Wänden gekratzt und ein neuer Anstrich aufgetragen werden.

Jetzt stand ich auf einem karaimischen Friedhof und dachte, befremdet von der Verwahrlosung des Ortes, dass der vortreffliche Joseph Rohrer die Sache wohl völlig richtig wie-dergegeben habe. Nach zwei-, dreihundert Metern entdeckte ich einen Trampelpfad, der in einen anderen, augenscheinlich neueren Teil des Friedhofs führte, dem die Gemeinde mehr pflegende Aufmerksamkeit zuteil werden ließ. Die meisten Grabsteine standen hier aufrecht, die eine Hälfte von ihnen war mit kyrillischen, die andere mit hebräischen Aufschriften versehen. Da ruhten, seit siebzig Jahren, Jonathan Jutkievicz und seine Frau Batsava, dort Zofia Maszkieviczova, die ihren Samuel, der 1954 starb, um achtzehn Jahre überlebte.

Auf einmal standen wir fast nebeneinander und erschraken: Die alte Frau hatte sich einem der imposantesten Gräber des Friedhofs, in das ein gewisser Eljaz Zapotto gebettet worden war, von der nördlichen, zum Landesinneren gelegenen Seite genähert, ich war von der anderen, vom See her gekommen. Als wir bemerkten, dass wir einander an diesem abgeschiedenen Ort nichts Übles wollten, blickte sie mich aufmunternd an, sodass ich fragte, wer dieser Zapotto, der vor Jahrzehnten verstorben war, denn gewesen sei. Sie antwortete, indem sie den Mund ein wenig öffnete und einen kaum vernehmbaren Laut der Klage formte. Als wir ein Stück gemeinsam gegangen waren, machte sie mich an einer leicht erhöhten Stelle auf etwas aufmerksam, das so augenfällig war, dass es mir gar nicht bewusst geworden war: Alle Gräber waren nach derselben Richtung ausgerichtet. Wohin? Nach Jerusalem. Jerusalem! Ob ich wisse, wo Jerusalem liege? Ja, sagte ich, in Israel oder Palästina oder wie immer man das Land nennen wollte. Sie schüttelte den Kopf und meinte: Nein, dort, in dieser Richtung liegt Jerusalem!

So erfuhr ich, dass Jerusalem die heilige Stadt nicht allein der Juden, Christen und Muslime ist, sondern auch der Karaimen, die von allen etwas hatten und doch mit keinen verwechselt werden wollten. Der Ort, an dem wir uns befanden, ist heilig, sagte die Frau, und ich dachte mir, das sei nun wirklich keine Besonderheit dieses einen Friedhofs von Trakai. Doch was sie mir zu erklären versuchte, war nicht, dass wir uns auf geweihtem Boden befanden, sondern dass den Karaimen die Furcht, die Ehrfurcht vor dem Tod gebot, auf dem

Friedhof fast alles zu unterlassen, was sonst auf Friedhöfen eben getan und erledigt wird. Die Bäume zum Beispiel! Diese mächtigen Eichen, die hier standen, und die anderen Eichen, die umgeknickt und auf die Wiese gestürzt oder vom Astwerk der benachbarten Bäume aufgefangen worden waren, diese im Gras verrottenden Baumstämme, die vor fünfzig, vor hundert Jahren in die Höhe geragt haben mochten – sie alle durften nicht angerührt, nicht weggeräumt, nicht gestutzt, schon gar nicht gefällt werden. Dass der Friedhof verwildert wirkte und sich die Natur schon fast wieder über seinen ältesten Teil geschlossen hatte, mochte also nicht dafür sprechen, dass die Leute ihre Toten vergessen hatten; vielmehr sind diese den Überlebenden schauerlich gegenwärtig, und der Tod ist ihnen eine so gebietende Macht, dass sie es für unziemlich halten, seinen Acker zu bestellen.

10

Sommers muss Trakai ein überlaufener Ort sein. So viele Gasthäuser, die jetzt, im Oktober fast allesamt geschlossen hatten, stehen an der Karaimų und an den Seepromenaden, an so vielen, jetzt geschlossenen Geschäften mit Angleraccessoires und Sommersportartikeln kam ich vorbei. Ohne dass wir es verabredet hätten, waren die alte Frau und ich, nachdem wir aus dem Friedhof gekommen waren, Seite an Seite in die Karaimų, zurück in den Ort, eingebogen. Kibininė, deutete sie, als wir an einem Haus unweit des Brückleins vorbeikamen, Kibininė! Ich betrat das schmucke Holzhaus, das sich im Inneren als Gasthaus von beachtenswerter Hässlichkeit erwies, mit protzigen Holztischen, fabrikgefertigten Antiquitäten und den Devotionalien der globalisierten Kultur an den

Wänden. Zu dieser Stunde und Jahreszeit war nur ein Tisch besetzt, an dem der vierschrötige Wirt mit einem Paar saß, das offenbar aus dem Ort stammte und entschlossen wirkte, sich langsam in einen Rausch zu trinken, der abends bereits ein besinnungsloser sein musste. Der Wirt schaute unfreundlich auf, als ich eintrat, aber die Alte schob sich hinter mir herein, rief den Wirt mit unerwartet scharfer Stimme an, deutete auf mich und bedeutete mir, an einem der Tische Platz zu nehmen. Sie wartete noch, bis der Wirt sich tatsächlich erhob und zu ihr kam, sagte ihm etwas, das er, folgsam nickend, zur Kenntnis nahm und das ihn veranlasste, sich unverzüglich in die Küche zu begeben; dann war sie verschwunden.

Aus der Küche hörte ich das Scheppern von Geschirr, nach ein paar Minuten kam der Wirt mit einem Teller und einem Glas Bier zurück, die er vor mir auf den Tisch stellte. Unverständlich brummend nannte er den Namen des Gerichts, bei dem es sich um eine etwas zu dick geratene Suppe oder einen zu dünn geratenen Eintopf handelte, jedenfalls schwammen in einer Brühe ein paar Fleischstücke und etwas, das an Kraut erinnerte. Ich löffelte und begann in meinem mitgebrachten Reiseführer zu lesen. Ich begriff, dass ich in einem der Wirtshäuser saß, für die Trakai berühmt war, weil in ihnen, zumindest dem touristischen Gerücht zufolge, traditionelle karaimische Gerichte serviert wurden, und wusste ich auch nicht, ob der Eintopf mit seinen Fleischbrocken und Krautfäden ein traditionelles Gericht abgab, so bestand doch kein Zweifel daran, dass es immerhin bereits ein paar Tage alt war. Während der Wirt und sein Gästepaar fast stumm beieinander saßen, versicherte Dean Martin aus den beiden Lautsprechern über der Schank mit schmeichelnder Stimme, dass jeder irgendwann jemanden lieb habe. Ich spürte, dass ich darüber träge wurde und mich zusammenreißen musste, den Bus nach Vilnius nicht zu versäumen. Als ich mich erhob, um zu zahlen, schüttelte der Wirt den Kopf. Ich verstand nicht und klatschte mit der Geldtasche auf meine Hand. Da lächelte der ungeschlachte Kerl, stand auf, umfasste mit seiner Pranke meinen Ellbogen und sagte radebrechend auf Deutsch, das er an wer weiß welchem Zeichen an meiner Stirn als meine Sprache erkannt hatte: Nix zahlen, alles Mama gemacht!

II

In den nächsten Tagen hatte ich in Vilnius einige Verpflichtungen, denen ich mich nicht ungern unterzog, weil sie mich mit vielen Litauern zusammenbrachten, die ich nebenhin auch über die karaimische Minderheit befragen konnte. Was soll ich sagen? Jeder erzählte mir etwas anderes. Aber das taten die litauischen Karaimen selbst ja auch. Von denen bekannten sich zwar alle stolz zu ihrem Karäertum, allein, worin dieses historisch gründete, woraus es bestand und was es heute mit ihm auf sich habe, darüber herrschte nicht die geringste Einigkeit. Vieles, was ich erfuhr, schien nicht zusammenzupassen, aber vielleicht passte es ja doch zusammen und das einzig Unpassende war, dass ich mich nicht von dem lösen mochte, was ich als historische Zusammenhänge zu verstehen gewohnt war.

Einige Karäer, die ich traf, wollten weder etwas mit der jüdischen noch mit irgendeiner anderen Religion zu tun haben, behaupteten aber zugleich, dass die Karäer in biblischen Zeiten die spirituelle Erbschaft der Sadduzäer angetreten hätten. Die Sadduzäer, einer der ältesten jüdischen Sekten aus der Zeit des zweiten Tempels, waren meist Angehörige der Oberschicht gewesen und hatten nicht daran geglaubt, dass es ein

Leben nach dem Tode gebe und die Toten auferstehen werden. Dass es von den Sadduzäern des zehnten vorchristlichen Jahrhunderts bis zur ersten systematischen Aufzeichnung der karaimischen Theologie im »Eshkol ha-Kofer« des Judah ben Alijah Hadassi über zweitausend Jahre brauchte, focht die Karaimen, die sich in sadduzäischer Tradition sahen, nicht an: Was sind schon zweitausend Jahre und was die tausend, die seither schon wieder vergangen sind! Wie aber, fragte ich, kann eine Religion, die sich ausschließlich auf die ersten fünf Bücher des Alten Testaments beruft, zugleich Jesus und Mohammed, die viel später geboren wurden, als Propheten anerkennen? Sie zuckten mit der Schulter, aber so, als wären sie sich nicht über die richtige Antwort auf meine Frage im Unklaren, sondern über mich, der ich Dinge nicht begreifen wollte, die doch offenkundig waren.

Den Karaimen, die nach dem Mittelalter unter die Herrschaft des Zaren gerieten, gelang es, eine viel bessere rechtliche und soziale Stellung in der russischen Gesellschaft zu erreichen als die Juden. Womöglich hat dazu die Legende beigetragen – von der sich manche auch im Gespräch mit mir noch überzeugt zeigten –, dass die Karaimen Palästina bereits lange vor Christi Geburt verlassen hätten und auf die Krim übersiedelt wären. Die Schuld an Christi Kreuzigung, die der christliche Antisemitismus den Juden auflud, konnte ihnen folglich nicht angelastet werden, weswegen sie von der christlich-orthodoxen Obrigkeit in Russland, zu deren heiligsten Traditionen der periodisch zu Pogromen geschürte Hass auf die Christusmörder und ihre Nachfahren in der sechzigsten Generation zählte, auch nicht als Juden, sondern als eine Art von vorchristlichen Christen angesehen – und anerkannt wurden. Der bedeutendste Gelehrte, den die litauischen Karäer hervorgebracht haben, Isaak von Trakai, hat jedoch 1585 den Traktat »Die Festigung des Glaubens« publiziert (dessen französische Übersetzung zwei Jahrhunderte später den Freigeist Voltaire begeistern würde) und darin das »Volk des Alten Testaments«, das für ihn aus Juden und Karäern bestand, in eine Disputation mit dem »Volk des Neuen Testaments«, den Christen, treten lassen; Isaak von Trakai betonte also die Zusammengehörigkeit von Karäern und Juden und nicht jene von Karäern und Christen, der sie ihre Gleichberechtigung in Russland zu verdanken hatten. Dort war es nicht wenigen Karäern noch während des 18. Jahrhunderts gelungen, in die Oberschicht aufzusteigen, wie sie ja in Litauen bereits zuvor, in den Diensten der Großfürsten, eine glänzende gesellschaftliche Stellung erreicht hatten.

Drei von den Botschaften, die die Republik Litauen heute in den verschiedenen Ländern der Welt unterhält, werden von Karaimen geleitet. Bedenkt man, dass es, großzügig geschätzt, fünfhundert Karaimen im ganzen Land gibt, ist das eine verblüffende Zahl. Doch wie konnte sich eine Bevölkerungsgruppe, die nach eigenen Angaben schon im 19. Jahrhundert kaum mehr als tausend Menschen zählte, nicht allein gesellschaftlich und kulturell, sondern rein biologisch behaupten? Selbst nüchterne, wissenschaftlich ausgebildete Intellektuelle wie Dr. Lavrinovičius ließen sich von mir weder durch insistierende Nachfragen noch ironische Blicke davon abbringen: Die Karaimen gebe es in Litauen immer noch, weil sie seit Jahrhunderten eben stets innerhalb der karaimischen Gemeinschaft geheiratet hätten. Ach, Herr Doktor, wie würden die Karaimen aussehen, wenn sie, seitdem Vytautas sie rief, tatsächlich immer nur Inzucht betrieben hätten! Als wir es so weit gebracht hatten, war die Stimmung in jenem gemütlichen Wohnzimmer des Gelehrten unversehens frostig geworden.

Ein paar Tage später trat ein schlanker Mann von einigen dreißig Jahren, elegant vom Scheitel bis zur Sohle, bei einer Ausstellung zu mir und überreichte mir mit gymnasiastenhaftem Charme seine Karte. So jung er war, amtierte Kemal Kaygisiz in Vilnius bereits als türkischer Gesandter. »Ich habe gehört, Sie interessieren sich für die Karaimen. Dann müssen Sie einmal zu uns kommen und die Karaimen in der Türkei besuchen! In Istanbul gibt es einen eigenen Stadtteil, der nach ihnen benannt ist, Karaköy, und viele der Goldschmiede und Juweliere, die dort leben, sind Karäer.«

Das ist einer der Vorteile von kleinen Ländern, zumal der Minderheiten kleiner Länder. Wenn einer aus der Fremde kommt, spricht es sich rasch herum, was er hier sucht, und nach ein paar Tagen muss er die Leute, die er fragen könnte, gar nicht mehr suchen, sie stellen sich von selber bei ihm ein. Kemal Kaygisiz erwies sich als blitzgescheiter Mann. Er wusste mir über die alten karäischen Gemeinden von Konstantinopel und die heutigen von Istanbul zu berichten, von der Besiedelung der Krim, dem Zerfall des Osmanischen Reiches und welche Folgen das für die Autonomie der kleineren Nationalitäten hatte; und er deutete – sehr vorsichtig nur – an, dass junge litauische Karaimen oder deren Eltern gerne in die Türkei fuhren, denn in Istanbul gab es in der großen karäischen Gemeinde ja größere Auswahl für jene, die einen Ehemann, eine Ehefrau suchten. Kemal Kaygisiz war begeistert, mir seine Sicht der karäischen Dinge darzulegen, und es fehlte nicht viel, dass er mich in die Verlegenheit gebracht hätte, zu einer karäischen Reise durch die Türkei, wie ich gerade aus Eigenem eine durch Litauen bestritt, offiziell eingeladen zu werden.

Es war Zeit zu packen. Das Flugzeug ging am nächsten Vormittag, und ich saß im Hotelzimmer und versuchte Ordnung in meine Aufzeichnungen zu bringen. Der Rezeptionist hatte mir am Vortag die Telefonnummer einer Dame gegeben, die mich in karäischen Angelegenheiten sprechen wollte, aber ich hatte mit genügend Damen Tee getrunken und Konversation getrieben, mich von ihnen durch Museen führen und Friedhöfe geleiten und mit eigenartigen Geschichten, scharfsichtigen Spekulationen und mürben Keksen abfüttern lassen, sodass ich den Zettel herzlos wegwarf. Das meiste war schon im Koffer verstaut, als das Zimmertelefon klingelte und mir der dicke, schnauzbärtige Mann von der Rezeption, der Tag und Nacht seinen Dienst versah und in der Rezeption zu leben schien, mitteilte, dass Besuch für mich in der Lounge wartete.

Ich ging verwundert hinunter und erblickte eine magere Frau von vielleicht 45 Jahren, die einem französischen Film der fünfziger Jahre entsprungen schien, ganz in existentialistisches Schwarz gekleidet, eine Baskenmütze über ihrem schwarzen, ein wenig von Grau durchsetzten Haar, die filterlose Zigarette zwischen den schmalen Händen. Jurga hatte von der Freundin einer Bekannten ihrer Nachbarin erfahren, dass da jemand in Litauen unterwegs war und alle Leute über die Karaimen ausfragte. Sie hatte in Moskau studiert und zuletzt einige Jahre in Großbritannien gelebt, nicht in London, wo sie eigentlich hatte hin wollen, sondern in einer Industriestadt im Norden, aber immerhin. Wir nahmen am einzigen Tischchen Platz, das zwischen der Rezeption und der Treppe stand und vom Rezeptionisten nicht ohne Ironie »die Lounge« genannt wurde. Als wir saßen, schaute sie mich erwartungsvoll an, als wollte sie sagen: Nun, wie erklären Sie mir Ihr skandalöses Verhalten? Warum haben Sie nicht längst Kontakt mit mir aufgenommen, wenn Sie sich doch für die Karaimen interessieren?

Die Sache war die, dass Jurga in England auf die Bücher von Arthur Koestler gestoßen war und plante, sie zu übersetzen, wofür sie allerdings noch keinen Verlag gefunden hatte. Ob mir bekannt war, dass Koestler ein Buch über die Karaimen geschrieben habe? Das war mir unbekannt, wiewohl ich mich mit Koestler ein wenig beschäftigt hatte, vielleicht fasziniert von seiner Begabung, sich mit allen zu überwerfen, von der herrischen Attitüde, sich den Rechten wie den Linken gleichermaßen verdächtig zu machen: ein gefallener Kommunist, der für einen kalten Krieger galt, es aber doch ganz entschieden nicht nur mit den Unterdrückten in den kommunistischen Staaten hielt, sondern mit den Außenseitern und den Rebellen jedes Systems sympathisierte, in England eine Kampagne gegen die Todesstrafe initiiert und, als ehemaliger politischer Häftling, große Summen für die Ausstattung von Gefängnisbibliotheken aufgewendet hatte. Ein Roman über die Karaimen? Ja, sagte Jurga: »The thirteenth tribe«. Was darin zu lesen stehe, sei eine wilde Mischung aus Fakten und Spekulationen, manches sei verbürgt, anderes habe Koestler unbedenklich aus trüben Quellen geschöpft und vieles einfach schlecht und recht erfunden. Der dreizehnte Stamm, die Zahl war zu jenen zwölf israelitischen Stämmen der Bibel hinzugerechnet, denen ein mythischer Stamm, eben der dreizehnte, im Dunkel der Geschichte verloren gegangen war. Koestler glaubte ihn in den legendären Chasaren entdeckt zu haben, und er dachte damit das falsche Bild, das sich die Welt von den europäischen Juden machte, ein für allemal richtigzustellen.

Das Reitervolk der Chasaren, irgendwann aus den Steppen Asiens aufgebrochen, hatte zwischen dem siebten und dem zehnten Jahrhundert im Kaukasus über ein Reich geherrscht, das dem byzantinischen an Macht ebenbürtig war; einzigartig war es, weil in ihm Christen, Muslime, Juden und die Gläubigen schamanistischer Steppenreligionen vollkommen gleichberechtigt waren. Wohl aus politischen Gründen war die chasarische Oberschicht zum Judentum übergetreten, sodass ihr Staat manchen Historikern als ein jüdischer gilt, obgleich die Juden in ihm stets nur eine Minderheit neben lauter anderen Minderheiten gestellt hatten. Nachdem ihr Reich 965 zerschlagen wurde, verlieren sich die Spuren der Chasaren: Wohin sind sie verschwunden? Koestler war davon überzeugt, dass sich ihre Nachfahren in den folgenden Jahrhunderten nach und nach über ganz Osteuropa verbreiteten und dass, wer später von Ostjuden sprach, in Wahrheit von Chasaren redete: von Chasaren, die selbst vergessen hatten, dass sie Chasaren waren und sich fälschlich für Juden hielten.

Was heißt fälschlich, musste ich Jurga hier unterbrechen. Eben, meinte sie. Sie rauchte eine Zigarette nach der anderen, aber jede nur halb. Das sei ja Koestlers Irrtum gewesen. Dass er von irgendeiner mythischen Ursubstanz ausgegangen sei, von einem genetischen Erbe, ja, vermutlich sogar von einer rassischen Besonderheit, die einen Menschen zum Juden oder Chasaren, Spanier oder Grönländer mache, und dass er vermeintlich »echte« Angehörige dieser Gruppen von jenen unterscheiden zu können glaubte, die sich ihnen nur irrtümlich zurechneten oder ihnen »fälschlich« zugerechnet wurden. Diese Besonderheit, diese Ursubstanz, dieses genetische Erbe der »echten« Juden aus dem biblischen Land hätten die osteuropäischen Juden seiner Meinung nach nicht gehabt, weil sie gar nicht von Juden, sondern von Chasaren abstammten.

Der ganze Antisemitismus, glaubte Koestler, gründete auf der falschen Annahme, dass im osteuropäischen Schtetl Juden lebten, indes sie doch – Chasaren waren.

Wir waren auf äußerst verfängliches Terrain geraten, und ich musste Jurga fragen, ob Koestler denn tatsächlich geglaubt habe, dass der Antisemitismus reale Juden benötige und dass er sich wundersam auflösen werde, wenn sich nur erst herausstellte, dass die verhassten Juden in Wahrheit gar keine Juden seien und in ihren Adern, verflucht, schon seit Hunderten Jahren originalarisches Blut rausche? Ja, sagte sie, als er am »Dreizehnten Stamm« schrieb, wird er solchen Unsinn vermutlich geglaubt haben, aber sonst war er meist klüger. Und doch habe er gerade von den litauischen Juden geschrieben, dass sie Chasaren seien, welche selbst wiederum aus allerlei mongolischen und turkstämmigen Völkern entstanden seien, die mit dem Stamme Judas, der in Palästina gelebt hatte, nicht das Geringste verbunden habe.

Wollte er mit solch fragwürdigen Thesen wirklich irgendjemanden davon überzeugen, dass die jüdische Identität in Osteuropa auf einem Selbstbetrug oder jedenfalls einer Selbsttäuschung, einem Irrtum beruhte? Ja, genau das wollte er, sagte Jurga. Die Karaimen, ob sie in Litauen oder der Türkei lebten, habe er wohl für die einzigen unter den so genannten Juden gehalten, die wussten, dass sie keine Juden waren, sondern aus einer chasarischen Mischung entstanden seien. Wofür er sich aussprach, das war also die Chasarisierung, man könnte auch sagen, die Karaimisierung des osteuropäischen Judentums.

Es ist aberwitzig, aber ausgerechnet von Koestler, der in seiner Jugend ein zionistischer Hitzkopf war, sich in Wien mit Antisemiten prügelte, sobald sie es wagten, in seiner Gegenwart ihr antisemitisches Wort zu erheben; der als literarischer

Chronist der Kibbuzbewegung nach Israel ging, ausgerechnet dieser Koestler gab den Karaimen Recht, nein, er ging noch weiter als sie. Glaubten sie, dass sie keine Juden seien, so behauptete er, dass auch die europäischen Juden selbst keine Juden wären. Sondern? Naja, eigentlich eine Art von Karaimen.

Jurga hielt es im Übrigen so wie ich, nämlich mit dem englischen Philosophen Isaiah Berlin, der einmal gemeint hatte, jede Nation werde von Menschen gebildet, die sich in einem gemeinsamen Irrtum über ihre Herkunft befänden. Und die Karaimen?, fragte ich Jurga.

»Ach, woher wir kommen, das ist doch nur für Leute wichtig, die in einem romantischen Verständnis von Volk und Identität verfangen sind. Und wer wir wirklich sind, wer könnte das sagen, wer kann das überhaupt von sich sagen? Sie vielleicht?«

Ich nickte nicht, obwohl mich der Mann vor der Kenesa in Vilnius belehrt hatte, dass dies beides bedeuten konnte, Zustimmung wie Ablehnung. »Wichtig«, fuhr Jurga fort, »wichtig ist für uns, dass es Karaimen gibt. Denn gäbe es sie nicht, müssten wir sie uns erfinden. Irgendwer wollen schließlich auch wir sein. Können Sie das verstehen?«

Allerdings, das konnte ich verstehen, obwohl ich wieder einmal den Eindruck hatte, nicht allzu viel von der Welt zu begreifen, die zu erkunden ich mich aufgemacht hatte.

Dank und Bibliographie

Zwischen dem Frühjahr 2002 und dem Herbst 2006 war ich mehrfach in Europa unterwegs, um die Assyrer, Zimbern und Karaimen dort zu besuchen, wo sie heute leben. Fast immer war der Fotograf Kurt Kaindl mit dabei, einmal begleitete uns Peter Lachnit, der für den Österreichischen Rundfunk eine Sendung über mein literarisches Reiseprojekt vorbereitete.

Mein besonderer Dank gilt Remigius Geiser, der die Reportage über die Zimbern nach Fehlern und Missverständnissen durchgesehen hat, und Cornelius Hell, der gleiches bei dem Manuskript über die Karaimen getan hat. Mit Fuat Deniz, diesem friedfertigen Mann, stand ich bis kurz vor seinem gewaltsamen Tod in regelmäßiger Verbindung; freundlich, präzise, zuverlässig hat er mir all die Fragen, die ich auch nach unserer persönlichen Begegnung zu Geschichte und Gegenwart der Assyrer hatte, beantwortet.

Gemäß meiner Arbeitsmethode habe ich mich als Reisender auch in Büchern und Studien kundig gemacht; nicht in allen Fällen kann ich mich daran erinnern, welchem Werk ich welchen Hinweis verdanke. Bei den Assyrern war mir vor allem die Lektüre der Zeitschriften *Funoy. Das Assyrer-Magazin* (Bad Lippspringe), *enneshrin. The free Voice of the Assyrian-Aramaean-Caldean-Syriac People* (Södertälje), *Hujada. Union – En Assyrisk Tidskrift* (Södertälje) und *bedrohte völker* (Göttingen/Wien) hilfreich. Über den auch so zu nennenden Völkermord an den Assyrern informiert Gabriele Yonan in ihrer Studie »Ein vergessener Holocaust. Die Vernichtung der christlichen Assyrer in der Türkei« (1985), ein Buch, das in der Türkei im Buchhandel zu kaufen ist, dessen Grundthese in der Öffentlichkeit zu zitieren jedoch unter Strafe steht. Teils heftige innerassyrische Fehden werden im Internet auf den zahlreichen Web-Sites der diversen Assyrien-, Mesopotamien-, Ninive-, Babylon-, Suryoyo-Vereine geführt.

Die ethnographische, sprachwissenschaftliche, historiographische Literatur zu den Zimbern ist in den letzten Jahren ins Unüberschaubare angewachsen. Wichtige Informationen verdanke ich unter anderen Maria Beatrice Bertoldi, »Luserna: una cultura che resiste« (o. J.); Maria Heigl, »Cimbrisch-Baierische Siedlungen am Südhang der Alpen« (1974); Wilhelm Baum, »Geschichte der Zimbern« (1983); Sergio Bonato/Patrizio Rigoni, »Terra e vita di sette Comuni« (1987); Giovanni Rapelli, »I Cimbri veronesi« (1997); Heinz von Lichem, »Um nicht zu vergessen – Lusern und die Hochebene im Ersten Weltkrieg« (1998); Kurt Egger/Franz Lanthaler, »Die deutsche Sprache in Südtirol« (2001); Karin Heller/Luis Thomas Prader/Christian Prezzi, »Lebendige Sprachinseln. Beiträge aus den historischen deutschen Minderheiten in Italien« (2004).

Nur höchst Widersprüchliches ist der Literatur über die Karaimen zu entnehmen. Im einzelnen orientierte ich mich in religiösen Fragen am »Oxford-Lexikon der Weltreligionen« (1999) und in sprachwissenschaftlichen am Band zehn der »Wieser-Enzyklopädie des europäischen Ostens« (2002). Für die litauischen Nationalitätenverhältnisse maßgeblich ist Grigorijus Potašenkos Buch »The Peoples of the Grand Duchy of Lithuania« und für die Geschichte der Karaimen die Studie von Jurgita Šiaučiūnaitė-Verbickienė »The Karaims« (2002). Einen Abschnitt aus dem kaum mehr greifbaren Reisebericht des aufklärerischen Beamten Joseph Rohrer haben Martin

Pollack und ich in unserem Buch »Das reiche Land der armen Leute. Literarische Wanderungen durch Galizien« (1992, Neuauflage 2008) abgedruckt.

Ständige Kontroversen zum Thema werden im »karaitekorner.org« des world wide web geführt.

Die Arbeit am Buch wurde vom österreichischen Bundesministerium für Unterricht, Kunst und Kultur mit einem Projektstipendium unterstützt.

Karl-Markus Gauß